李衍蒨 著

遗骨档案

一位法医人类学家的告白

中信出版集团 | 北京

图书在版编目（CIP）数据

遗骨档案：一位法医人类学家的告白 / 李衍蒨著.
-- 北京：中信出版社，2021.2（2024.11重印）
ISBN 978-7-5217-2695-4

Ⅰ.①遗… Ⅱ.①李… Ⅲ.①法医人类学—通俗读物
Ⅳ.①D919.6-49

中国版本图书馆CIP数据核字（2021）第010390号

遗骨档案——一位法医人类学家的告白

著　　者：李衍蒨
出版发行：中信出版集团股份有限公司
　　　　　（北京市朝阳区东三环北路27号嘉铭中心　邮编　100020）
承 印 者：北京通州皇家印刷厂

开　　本：880mm×1230mm　1/32　　印　张：8.25　字　数：131千字
版　　次：2021年2月第1版　　　　　印　次：2024年11月第8次印刷
书　　号：ISBN 978-7-5217-2695-4
定　　价：58.00元

专业推荐

法医科学需要团队合作，所以法医人类学亦是重要的一环。利用通俗案例介绍法医知识是这本书最值得赞赏的地方，它深入浅出，将法医知识通俗化，值得推荐给一般读者。

——台湾大学法医学研究所教授　孙家栋

作者以自身丰富的法医工作背景，通过历史与现代著名案件，深入浅出地介绍各种法医人类学知识，包括骸骨与 DNA 鉴定、尸体分解过程、重金属中毒、身份比对、衣物风格分析等，让不同领域的读者均能快速进入法医人类学的专业领域。这本书实为法医学的科普代表作。

——台湾警察专科学校科技侦查科副教授　曾春侨

通过众多引人入胜的案例，这本书以兼具悬疑性与知识性的写作手法，告诉读者法医人类学到底是什么，它可以做到什么，以及为什么要这么做——诚如作者所言，真相虽然不能让死者复生，但却能让生者知道事件如何发生。也唯有如此，才有避免事件再次发生的可能。

——《疑案办》团队

目 录

简体版序
尸骨给我上的一堂课

2019 年至 2020 年是计划赶不上变化、动荡不安的一段时期。

对于我们的当代历史来说，这段时期绝对值得记录。这些变化牵动的情绪并不容易处理，每个人身边要处理的事情也越来越复杂。这段时间真的非常不好过，我在海外的考古及研究工作安排也受到影响。

每当说到挖掘或是做研究、处理案件时，我都会觉得很不可思议！很不可思议的是可以触摸到他们。这些我不认识的人，来自不同地域、不同时代、不同背景，我却跟他们离得这么近。通过他们骨头上面的痕迹、变化，我仿佛能够感觉到他们的痛苦、经历、心情，甚至他们受到的折磨，这些我都试着感受与体会。他们在我面前从来都不只是骨头，而是有生命、有血有肉的故事。我记得本书繁体版的编辑阡卉在书本面世后写道："法医人类学家的专业很硬核，天天要面对很多'死人骨头'，但她的内心比谁都柔软。"的确，我很多时候都觉得我肩上或是背上的担子越来越重，这份重量相信是来自我对人命、真相的执着，同时它也令我更重视人性、重视人道主义精神及寻找正义的价值。

　　我觉得很多时候我们对时代及人的改变都会错意了。那些久远的历史，其实与现在的我们依然很有关系。木乃伊也好，名人也好，因为冒险而失去生命的无惧危险的探险家也好，我们的理解可能都只是他们的梦想、他们最理想的一面，却不是现实，不是他们最真实的人生。梦想值得纪念，它带来的光荣时刻都是特别美好的。但现实呢？现实中布满荆棘的生活没有那么美好，没有那么绚烂，但这才是人生啊！从接触过的很多逝者的故事中，我明白了，无论是什么年代、什么地方的人，其实都跟我们很类似，因为有时候我们看到的只是一些片段，有的只是片面的感受，他们的经历其实跟我们的很不同又很雷同，这才是真实的一面。

　　本书用历史故事及社会事件做引子，讨论科学及法医、法证科知识，继而启发大家思考生死、文化及人性。这样层层递进的铺排可以说是我在写作此书时觉得非常自然、舒服的过程。自身的经历及感受，也令我不停成长，不断思考，书里面的内容与我最初做的大纲相比有大幅度的修改。虽然这些修改实在不容易，也是一个痛苦的过程，但我很庆幸我有把这些经历、感受通过不同方式放到书里。毕竟，我是生活在一个社会中的群居动物，我的一切受周遭影响，没有办法一刀切。

　　我也很庆幸这本书诞生于这个年头、这个时期，因为它就这样间接记录了我这段时期的心态及变化。我在写作的过程中因为骸骨的经历与故事得到了疗愈，就如我在做研究、处理相关调查的时候也经常从这些逝者身上找到一丝平静，进行我个人的心灵修行一样。这种感受及感悟是很个人的，但却让我很满足。

　　愿，你们都会从这些故事中有所体会，有所感受！

李衍蒨

2020 年 11 月

前　言
骸骨：跨越时空的旅程

　　无论我们对医学如何崇拜，也不能忽视人文关怀的意义。

——希波克拉底（Hippocrates）

　　长久以来，人类都和死神进行着永远无法完结的战役。历史的洪流滚滚向前，它赋予我们一种很厉害的武器：医学。我们最初从自然界中寻找治疗方法，后来将医学视为暗黑魔法，一步一步从错误中走过来，从魔法走到科学，从迷信走到理智，医学成了人类最有力的工具之一。亦因为医学，我们知道了对抗死亡是人类演化、进化的最大原动力。

　　骨头，是一样很神奇的东西。它的适应能力很好，恢复能力也很强，弹性也不错。这种物质一直在我们的体内存在着，支撑着我们身体的各个部位，使我们能行走、坐立及进行各种各样的活动。从进化角度来看，骨头已经有了数以百万年计的历史。骨头在我们身体内生长，随着我们年纪的增长而有所变化，记录着我们一生的故事及所有经历。我经常说，骸骨是人们体内的一份生平记录，可以说是我们为自己编写的传记。

　　而在法医人类学中，有一个"法医人类学游乐场"可以让我们燃烧很多脑细胞并消耗很多精力：存骨房。存骨房是储藏遗体捐赠者骸骨的地方。每一副骨头都被存放于其专属的箱子中。很多时候，这些存骨房中会有上百、上千个箱子。如果每个箱子都象征着一个人的话，就等于存骨房里面有上百、上千个人住。他们可能是无人认领的尸体，可能是亲人不想领回的尸体，或是被捐赠给该单位做研究的尸体。因为有他们的无私奉献，我们这些研究人员才有机会去了解他们的生活并聆听他们的故事。对别人来说，可能他们不值一提，或是没有任何特别之处的人体遗骸，但对我们来说，他们肯定是珍贵的馈赠。

　　记得我曾经处理过一个案子，因为性取向原因，死者的家人不想领回他的骸骨，并且不想跟他有任何关系。我那时的无力感到今天依然记忆犹新，但同时也被同僚的一句话暖在心头："至少，我们喜欢他！至少，在这里（存骨房里）他有同伴啊！"

　　骸骨的意义穿越了时空与生死的界限。许多宗教告诉我们，死亡不是终点，肉体是脆弱、软弱的，但灵魂会留下并继续存在。骸骨在人体解剖学中有着浓厚的科学意义，同时在不同文化背景下，也各有其含义。两者都叙述着不同的、与生命及死亡有关的故事。任何哲学都可能会接受"死亡"的本质，即使在未知大于已知的领域，但我们人类没有因此而放弃。现在的我们都站在巨人的肩膀上，利用着以前的智者、医生及伤者所经历过的，去面对未知的未来。

　　这本书就如真的存骨房一样，存放了不少有关骸骨的故事与死者生前的经历。每一个故事，未必都有一个最圆满、最愉快的结局，却让我们从宗教、文化、社会、历史、科学及哲学角度接触不同时代及不同人性的面貌。希望读者可以通过骸骨这个有趣的时光机，从现今联系到过去，从而展望未来。

　　如果你已经准备好从死亡的角度思考未来，诚挚地邀请你，与我一起通过骸骨踏上穿越时空之旅吧！

第 一 章

沙漠秃鹰

一天破晓时分，在美国圣迭戈与墨西哥边境城市，有20多名西班牙裔男女聚集。他们正在为稍后的任务做准备，打算在太阳完全升起之前出发前往墨西哥。

　　今天他们只有一个任务：寻找失踪的人。

　　这群人来自一个名为"沙漠秃鹰"（原文：Aguilas del Desierto，英译：Eagles of the Desert）的志愿组织。其成立的目的是为迷茫无助的家属们，寻找那些企图跨境到美国的拉丁美洲人的下落。秃鹰在沙漠这样的环境中视觉特别敏锐，这有利于它们寻找猎物。这些"秃鹰"也一样，只是他们的目光都是用来寻找命丧于沙漠的人。而今天他们就是因为接到了来自两个家庭的求助，这两名失踪人员是跟随同一个人口走私犯，大约于 10 个月前杳无音信的。

滚滚黄沙中的白骨

在沙漠上找到或是注意到骨头不是一件很难的事。因为长期接受阳光照射的关系，骸骨都会被漂白，与周边的棕色沙土相比非常醒目。而就在这一天，他们这群为家属而努力的"秃鹰"志愿者找到了很多人骨部分：肋骨、肩胛骨、锁骨、数块脊椎骨及下颌骨。在这些骨块旁边有一条深色的裤子，一双 9 码（26.5 厘米）的阿迪达斯男士球鞋及一个黄色的钱包。里面有一张身份证复印件写着"Filadelfo Martinez Gomez"（菲拉德尔福·马丁内斯·戈麦斯）及其出生日期"1992 年 8 月 8 日"。由于暂时没有办法证实这些骨头与证件有任何关系，"秃鹰"们就直接为收集到的骨头标上了一个编号。从此，这些骨头的身份就是"170422145"，直到能确认其身份。

志愿者们是在树下找到这些骸骨及随身物品的。他们相信戈麦斯与其他大部分跨境者一样死于脱水。在这片可以说是美国的"秘密墓地"的区域中，这种死亡方式是很常见的。2000 年以前，只有数名企图非法入境者的尸体于亚利桑那州南部被找到。不过，2001 年这一数字上升到79 名。原因是美国的加州及得州边境加强了巡逻，企图非法跨境的人只好选择三条路线里最危险的一条：途经亚利桑那州。到 2010 年，共有 224 具尸体被找到。虽然 2016 年有记录的尸体只有 169 具，不过这并不代表非法入境的人数减少了，而是有更多人选择了走更危险的路，亦有很多人跨境死去却一直没有被找到，甚至以后都不会被寻回了。选择西南边路线的人比较少，但这条路线的死亡率每年都在增长。2017 年，一共有 412 名企图非法跨境者死于西南边境，比前一年的 398 人又多了。由于边境巡逻队伍加强了边境防护措施，更多企图跨境的人不得已选择更为险峻、偏僻的路线，因此不少搜索队及法医等相关专业人士都相信，未来非法跨境者的死亡人数依然会继续攀升。

　　到底有多辛苦？到底有多危险？一般来说，从亚利桑那州的那条路线跨境，7~10 天就能从墨西哥走到美国边境。由于边境栏杆的作用是防止车辆直接驶过，因此栏杆相对较矮，比较好翻越。难的是对抗天气！在四周都是沙漠、烈日当空，甚至每天都可达 40℃高温的天气里行走及爬山，并不是易事。一个成年人要走完这近129公里的路程大约要10天，而每天需要约4升甚至更多（接近7.5升）的水。假设，只需要7天就走完，共要53~57升的水。每升水约有1千克重，即7天共需要57千克重的水，按常理，我们都知道一个人根本没有可能带着57千克的水去跨境吧！这也是这么多入境者中途死亡的其中一个原因。他们命丧在美国这个"秘密墓地"后没有办法通知家属，而家属也无法前往见他们最后一面，因为家属根本就不知道他们到底是在哪里离世的。

法医人类学家登场

一般"秃鹰"们在沙漠环境找到的尸骨，在被交到停尸间后都会按照尸体的情况分配给法医病理学家或法医人类学家。法医人类学属于应用人类学，在学术定义上，为体质人类学 ① 的延伸。

人，经历了千万年的进化，被视为精于适应环境的生

---

① 体质人类学是人类学的分支，也称"自然人类学"或"人类学"，是研究人类群体体质特征及其形成和发展规律的学科。——编者注

物。体质人类学家深信人的身体会因为环境因素或压力而做出一些调整。在法医人类学领域中，法医人类学家会将体质人类学、考古学、文化人类学及其他学科的知识应用到法律层面。英文的法医人类学"forensic anthropology"中的"forensic"可以翻译为法证或法医，怎样翻译应视工作内容而定，是处理有关尸体、医学的材料，还是一般证物辨识等。而"forensic"这个词的词根来自拉丁文的"forum"（或是变化后的"forensis"），有法庭、法院的意思。换句话说，任何与"forensic"有关的科学，都是以呈现证物、证供到法庭、法院为目标。也就是说，事件背后的对与错及有罪无罪都一定不是重点，能够有效呈现最接近事实真相的线索及蛛丝马迹才是王道。

法医人类学其实到现在都依然算是一门比较年轻的学科。最早的法医人类学记载是来自南宋时期宋慈的《洗冤集录》（约公元 13 世纪）。这名中国法医学即鉴定学之父，在这本著作内详细记录了如何查案、详细验尸程序及推断死因的方法。在那个时代，他的观察力实在惊人！书中有些描述及步骤到今天依然有效。由于当时的办案人员不是全职的，而验尸的仵作及接生婆亦不被当时的官府相信，因此办案人员必须在验尸及解剖时，知道如何分辨意外及蓄意造成的死亡，以及如何分辨死时及死后创伤。

另外，宋慈亦详细记录了如何从尸体分辨男女及死亡时间，如下（已翻译为现代汉语）。

分辨男女

人共有 365 块骨头，与每年有 365 日对应。

男人的骨头较白，而女性的则较黑。这是由于女人在生小孩时流血，把骨头染色了。

颅骨，男性共有 8 块，从颈部到两边的耳朵，加上后脑的部分。脑后面有一横缝，而头部正中直下至发际还有一条直缝。而女人只有 6 块颅骨，一样有横缝，却没有直缝。

尾骨的形状就如猪的肾脏一样，在脊柱末端。男子尾骨与脊柱相连的地方凹陷，两边都有一个尖尖的突起，犹如菱角，周围共有 9 个孔。女子尾骨与脊柱相连的地方平直，周围有 6 个孔。（宋慈在此处描述的其实是骶骨。）

尸体腐化

尸体腐化会随着四季的变换有所改变。春天的时候，在尸体已经放了两三天的情况下，口腔里的软组织、鼻、肚、胸骨及胸口都会开始失去血色。十天后，就会有汁液从鼻孔及耳朵流出。

夏天的时候，尸体放置两天，脸、肚、肋骨及胸口的软组织就开始变色，三天后，尸体变灰并有汁液流出，尸虫出现。整个尸体鼓胀起来，皮肤开始有变化并有脱皮现象，水疱亦会出现。只需要四至五天，头发就会脱落。

在秋天，两三天后的尸体变化和春天时一样，软组织，特别是脸、肚、肋骨及胸口开始变色。四至五天后汁液从口鼻流出，整个尸体会肿胀起来，水疱出现。六至七天后，头发开始脱落。

冬天的时候，四至五日后尸体开始变成黄紫色。半个月后，才会出现春天时尸体放置两三天时的变化。如果尸体埋葬的地点是湿的，尸体在埋葬时又用垫子包裹，这个腐化过程会更慢。

在特别热的天气里，尸体的腐化会在死后一天立刻开始。尸体会失去血色，变灰甚至变成黑色，同时开始有恶臭传出。三到四天后，皮肤及软组织都开始腐烂，尸体肿胀，尸虫从鼻及口部出现，头发亦开始脱落。而在寒冷的季节，尸体五日的腐化程度才等于天气炎热时一天的腐化程度，半个月的腐化程度约等于天气炎热时三到四天的腐化程度。加上南北方的气候不同，山上的气温（寒冷及温暖程度）相对稳定，因此在这些情况下，必须要仔细考虑所有因素，并仔细检查尸体上的变化后才能下定论。

当然，一般尸体的腐化程序受不同环境因素影响。与现今技术比较，虽然宋慈所写的未必与今天的法医学完全吻合，但你不得不惊讶于他们那个年代的人对法医学的执着、观察度之高及细心的程度。他们已经会分析各种天气、气候对尸体造成的影响，特别是"昆虫活动"的情况。

同样，西方在 20 世纪 40 年代以前，法医人类学这一专业只限于解剖学家、手术医生及一些在博物馆和大学任教的体质人类学家研究。在这段时期，相关的研究很少，应用到案件中的机会亦很少。直到 19 世纪末，哈佛大

学教授托马斯·德怀特（Thomas Dwight）多次发表有关用法
医人类学推断性别及年龄的研究论文，因而被冠上"美国
法医人类学之父"之名。随后，不同的研究及学者陆续出
现。到今天，2008 年出现了法医人类学的科学工作组织
（Scientific Working Group for Forensic Anthropology，简称
SWGANTH），为这个专业制定各种准则及指南，令这门科
学研究在现今臻至成熟，同时不会与社会的现实情况脱节。

法医人类学家的使命——为无言的逝者发声

　　法医人类学家在收到骸骨后，就会以辨认骸骨或为其
寻找正确身份（positive identification）为重要任务。这与
一般的法医，或称为"法医病理学家"不同，后者主要以
寻找死因为主要任务。而法医人类学家有时也可从骨头上
观察到死亡方式及死因，但这两者都不是最主要的工作。
另外一个工作中的区别是，法医病理学家处理带有软组织
的尸体，不太会接触严重腐化甚至已经骨化的尸体，而法
医人类学家则相反，多接触严重腐化及骨化（甚至木乃伊
化）的尸体。于沙漠中寻找到的"170422145"就是一个

好例子。

在接收到"170422145"后，法医人类学家会从骸骨找到俗称"Big 4"的有关死者的数据——性别、年龄、种族、身高，再加上一些生前的痕迹——生前创伤、慢性疾病、生前活动痕迹，就可以为骸骨的主人设立一个档案，这样就有望寻找到骸骨主人的家人。因此，亦有说法形容法医人类学是一门"之前—之后"（before-after）的专业："之前"即死者生前做过甚至经历过的事都会影响骸骨，"之后"即死后能从骸骨上看到什么。除此之外，法医人类学家更擅长寻找及复原人体骸骨，并分析任何能协助尸体身份辨认的特征及线索。

传统上，法医人类学家只会在找到接近或完全骨化的尸体，又或者在一些特殊情况下，例如不允许解剖时，被传召提供"Big 4"的推断。而今天，法医人类学的应用不仅仅停留于此，应用范围随着需求而改变，包括创伤分析、死后葬仪学分析、推断死后时间、应用到灾难性事件、为国际法检控提供证据，甚至用于调查在世的人。因此，现今的法医人类学家不能只学习关于法医人类学的专业知识，更要明白人类过往文化及多样性的历史，于不同地域游走，了解各种可能会间接影响骨头演变的生物、文化因素。法医人类学家只有在了解这些层面的信息后，才能准确解读所有找到的线索，借助骨头上留下的痕迹，进而了解及聆听骨头的故事。而法医人类学家的职责就是要为无言的逝者代言，把他们的故事公之于世。

当发生灾难或大型事故时，有关的法医工作组都是由多个法医学专家组成的"多元法医团队"，配合有关单位做人道救援工作。团队成员包括法医病理学家、法医人类学家、齿科法医及生物学家等，以提供准确的科学鉴定，从而协助进行身份鉴定。同时，警察亦会做指纹辨识及文件鉴定（如护照等）的工作。法医人类学家的工作范畴亦包括人道调查及救援工作，如国际法庭上有关战犯的裁决。法医人类学家有时候需要到乱坟岗起坟，去研究这些死者的死因、他们生前是否被虐待等。这些都不是法医病理学的研究范围，所以我们法医人类学家很有存在的必要性！

法医人类学家注重人骨学的培训与研究，再加上有人类学背景，我们可以全面地对眼前的情况做出批判性思考。法医人类学所运用的考究方式，皆有赖以前的诸位人类学家利用前人的骨头研究得出的结论。由于每个族群的生活、饮食及环境因素都有所不同，因此此类研究必须要在多个族群中施行，在部分西方国家，法医人类学家都是法医病理学家的秘密武器。有些尸体可能在被解剖后也无法找到死因，就会被交到法医人类学家手上，务求可以尝试找到任何蛛丝马迹。因此，法医人类学家的工作虽然跟法医病理学家的工作有相同亦有不同，但我们绝对紧密合作、互相尊重，从来不会轻视彼此。在我认识的法医人类学家当中，几乎每一位都观察过不同的尸体解剖，甚至曾于殓房工作。我们都会去了解法医病理学家的工作方法、程序及步骤。

法医人类学家及法医病理学家，连同齿科法医都会被传召到法庭上作为专家证人。除了这些基本工作之外，法医人类学家与其他法医专业人士最不一样的是，如有需要，我们要协助战争罪案及大型伤亡事件的调查工作。法医人类学是人道主义色彩很浓的专业。这也说明一点，法医人类学的能力其实非常有限，我们未必能从社会层面改变什么，甚至没有太大能耐去推动政策性的改变。不过，我们关注"人"，无论是在世的人还是已经离世的人，无论是无辜的平民还是有罪的战争罪犯，无论是否是被社会推到边缘的人。我们关注的是，每个来到这个世界生活的人，有没有受到有尊严的对待。

可惜的是，不是所有的尸体都能有圆满结局。回到前文的故事，就在"秃鹰"们这次行动之前数月，志愿者们在沙漠的四堆人类骸骨附近找到了一部手机。他们把手机捡起来并拿回去充电后尝试检查电话中的内容。幸运的是，手机没有设置任何密码或解锁装置，因此志愿者们很轻易地找到了最后通话记录的部分。他们发现最后一通通话就是打给"911"的紧急电话，并且长达11分钟。志愿者们拨到"911"，亦从警察处取得此次通话的录音。在录音中，志愿者们清楚听到跨境者以西班牙语问警察能否为他提供饮用水，并告诉接线员他就快要死了。"911"把电话转接到边境巡逻队，而据说巡逻队也曾出去寻找过这名男子，却没有收获。或许你会觉得，他们不以非法途径进入美国就不会发生这样的事情。这些我们在此暂且不评论，不过绝对值得关注。而"170422145"因为旁边有身份证等文件，能够有效进行及加速身份辨识程序。除了用骨头建立档案，以了解有关骸骨主人的基本资料之外，有身份证则较容易找到死者的家属，从而可以用DNA去做比对，确认骸骨的身份。

虽然家属们依然在等待 DNA 检验结果，但从骸骨档案及随身物品来看，这堆骸骨是戈麦斯的概率颇大。家属们说，他们觉得因为现在知道了戈麦斯的去向，即使结果是他已经死亡，依然觉得有种安慰感。

国际红十字会（ICRC）发表的一份报告"The ICRC Report: The Missing and Their Families"（《国际红十字会报告：失踪者及其家属》）指出，家属如果不知道其失踪的家庭成员是生还是死，他们永远无法开始疗伤的过程，他们对失去亲人一事依然会惊恐万分。报告更指出，死伤者后代的人生也会因为这事件带来的愤怒、邻居及亲戚的嘲笑，以及事件处理中的不公平、不公正而感到困扰。

给家属一个确切的答案代表他们能正式哀悼戈麦斯并将他埋葬。因为有科学及法医学的协助，"170422145"可以得到一个重新拾起身份的机会，而这个身份是死者一直以来都在使用的。与将骸骨编号为"170422145"相比，寻回其一直在用的身份是对死者的尊重、对家属的尊敬，同时亦赋予骨头应有的人性。法医人类学家利用专业成为家属与死者的桥梁，为家属寻找答案，是人权，是义务，亦是公义。

　　真相，不能起死回生，但能让无名逝者的声音被听见，即使跨越了生死界限也绝不罢休。

第 二 章

乱坟岗守护者

隐藏在每个个体背后的故事，正是我
们研究他们的原因。

——考古学家史蒂芬 · 席费斯博士

（Dr. Stephan Schiffels）

乱坟岗带给人的震撼程度之大是惊人的，里面的数十具甚至数百具骸骨及尸体，令人不寒而栗。但正因如此，我们更要额外保护它，为里面的受害者讨回公道。

　　伊拉克第二大城市摩苏尔（Mosul），过去持续被已经瓦解的极端组织"伊斯兰国"（Islamic State）攻打。代表伊拉克的军队在战事中，已经在摩苏尔城的南部寻找到三个乱坟岗，其中一个据初步推断共有100具已经被砍首的尸体，而另外两个位于水井里面并且藏有超过250副尸骨。随着战事结束，发现乱坟岗的数量会不断增加。光是2016年做的一个统计就表明，在叙利亚及伊拉克已发现了共72个乱坟岗出现于"伊斯兰国"占据时期，更推断一共有

5200~15000 具尸体。让人悲伤的是，世界各地或许都可以找到乱坟岗，只要是曾经有战争的地方，都有它的踪迹。即使战事结束后的数十年，在柬埔寨、科索沃、波斯尼亚等地都不停地出现相关的新发现。

其中一个要谨慎处理及保存乱坟岗的原因，是里面蕴藏着最重要的线索——能够将加害者绳之以法的线索。

我很敬仰的已故著名法医人类学家克莱德·斯诺博士（Dr. Clyde Snow）在回忆录《坟墓里的见证者：来自骸骨的故事》（*Witnesses from the Grave: The Stories Bones Tell*）中，记述了其组建阿根廷法医人类学家小组（Argentine Forensic Anthropology Team，以下简称 EAAF）的编年史。EAAF 当时在世界各地都非常有名，是首屈一指的法医人类学机构。1984 年他们只是一群寂寂无名的研究生，对 20 世纪七八十年代于阿根廷"消失"的民众骸骨进行骸骨鉴定实验。其中斯诺博士提到，在有关绑架及谋杀罪的审讯当中，他向法庭展示了一名被害者利利亚娜·皮皮亚（Liliana Pererya）的头颅照片，并表示借着照片，死者能够告诉庭上的每个人，她是怎样被杀死的——后脑位置被人以处决的方式开枪夺去了性命。这一切都是在她生下小孩后没多

久发生的，她的骨头成为重要的呈堂证供。犯罪嫌疑人以
为在开枪后就不会再听到有人谈到有关利利亚娜的事情，
谁知道，斯诺博士改变了他天真的想法。同时，家属亦有
权利及必须要知道，在自己的至亲身上到底发生了什么。
最重要的是，要为死者寻回他们的身份，让尸身得以归还
家属。

　　可是，至今为止仍没有任何国际专属法律条例去保护
及监管乱坟岗，这也导致很多时候因为年久失修等原因致
使当中的证据甚至骸骨丢失。这个状况其实有必要快速进
行改善。

挖掘分析现场——法医考古学的重要性及原则

　　或许，大家对考古学的印象都是来自电影，或一般人对考
古学的印象是挖掘一些历史悠久的文物。坦白说，这两者都
是较逊色的考古学代表。其实考古学与法证学/法医学的相
似度很高。两者的目的皆为梳理事件发生的先后次序，甚至
找出事件发生的诱因。虽然两者的结果有点不一样，但是都
是想寻找证据，为自己的案件论证。由于很多鉴定科甚至相

关调查人员，从来没有接触或甚少接触这种类型的案件，例如去寻找一些隐藏的墓地甚至乱坟岗，最常见的错误就是抱持着越快找到并挖起骸骨/尸体越好的想法，这样很容易导致骸骨损毁甚至破坏骸骨周边的证据。而法医考古学的出现就是想减少这类可以避免的错误。

考古学本是一门通过研究物质证据，来了解其样型及共存关系，并据此了解造成此种情形的背后事件的学科。已故法医人类学家克莱德·斯诺写道："采取并改良考古学家一直以来用到相类似情境中的做法，能系统地从墓地及其表面重组及找寻物件。"

法医考古学训练法医考古学家去找寻、挖掘及记录人体骸骨，以便在从墓地移除尸体之前获取最多的信息，包括：墓地出现的日期，放置甚至弃置尸体的方法，骸骨与周边对象的关系及保留下来的物品，如衣物等。因此，把考古学的方法应用到犯罪现场的挖掘中，能够有效协助调查人员准确细致地记录及重组有关证据。这些程序对之后寻找死者身份、梳理事件发生过程都有莫大帮助，甚至可以帮助寻找凶手或犯罪嫌疑人。

当然，考古学与法医学的最大区别是前者处理的对象及情境都是较古老的，而后者处理对象的时间较短。不过，无论时间长短，两者要处理的情景都是一次性的，即从发现开始，每一次处理都会失去部分证据，每一次到场都是一次改变、污染的过程。因此，考古学当中的一些重要原则全都能用在法医学上。

叠加定理（superposition）

无论是有机物质还是无机物质，在犯罪现场都是按照既定次序放置。从法医考古学角度来看，每次挖掘最先找到的（最顶部、最接近地面的部分）都是最新或最后放置的，而越底层的物质则越旧。

共存关系（association）

于同一个地点出现，或者具有某些共同的特征，或者与之共存的对象，都有共同的意义及关系。一般从法医考古学的角度，我们都假设同一个墓地（譬如乱坟岗）里的所有骸骨或遗骸都有关系，可以来自单一事件。

重现（recurrence）

当一件事不停重复出现，就不会是偶然！这可以泛指一件于墓地找到的对象、一个经常使用的机器等。这都表明这些不是偶然，而是有动机的行为。举一个简单的例子：即便是一个对华人殡仪文化不太了解的人，看到许多人去扫墓，甚至在墓地前放上菊花，他也会猜想菊花一定有某些象征意义，而不是一个巧合。

这三个原则最后都引申至一个法医考古学及考古学的核心概念：脉络关系/层位关系（context）。脉络关系是指一个甚至数个对象一旦进入了同一个体系或空间，就会和自然环境产生互动，形成一个相对应的关系。没有一件证物或者对象能脱离这个互动关系，包括去考察或调查的我们。因此，系统性地记录及策划如何处理现场非常重要。只有了解脉络关系，才能完全理解甚至搞清证据的意义。

法医考古学是一个以三维定位的科学，我们会测量对象的长度、宽度及深度，以米或厘米作为记录单位。记录程序完成后，我们继续以轻轻划扫的方式去除土块，希望让更多骨头呈现出来。到这一步，除非有任何小块骨头（碎骨、手骨、脚骨等）已经松脱，否则我们不会把骨头那么快拉出来（有些时候，我们看到完整的手脚骨后会先用布或塑料袋及绳子包裹这些骨头，形成一个像哆啦A梦的手的样子，目的是使骨头保持原位同时又不会散掉）。这样可以确保挖掘人员之后能清楚记录及了解骨头呈现的状态与姿势，从而帮助分析。而这种把对象保持于原位的状态，在拉丁文或英文中称为"in situ"。

　　一般法医人类学家都不会在挖掘的同一时间进行分析，所有的对象都必须进行记录及用袋装好，案件编号、日期、经手人及里面是否为骨头（如果是骨头，是哪一块？左边还是右边？）都必须在纸袋上写得清清楚楚。在记录之前更要拍照存档，以图像形式把骨头的姿势、朝向等都记录好。除了图像外，文字记录亦是必需且要尽可能详尽的。因为记录之后，骨头就会被移出墓地，墓地的样貌无法再恢复。

　　其中，尸体的姿势最为重要。在形容及记录尸体姿势的时候，多半分为三个部分：腿部、手部及头部。腿部姿势可以分为伸直（extended）、半屈曲（semiflexed）及屈曲（flexed），或是胎儿姿势（fetal position）。而手部姿势则分为四种：垂直放在身旁，交叉在盆骨前，交叉在胸口前及举高在头部上方。最后，头部姿势可以用面朝方向形容：面向前方，向左或向右，下巴碰着胸口，向后仰等。

由于每个人的理解都不一样，因此描述得越详细越好。

前人之死？被埋覆的过去与现在息息相关

已经离世的人，不是真的就这样离我们而去了，特别从考古学及鉴定学的角度来看。就一般认知而言，很多人会觉得人死后尸身会化为白骨，最后更会回归尘土。但事实上，人的身体韧性很强，即使历经千万年，只要环境适宜，就可以被保存下来。甚至因为科学技术发达，在尸体的软组织腐化以后，我们仍能找到与死者生命相关的种种痕迹。了解前人的一切，能够让我们更清楚地理解以前的社会及现在的世界。

20 世纪 20 年代，一名来自开普敦大学的医学生，在苏格兰北部一个名为萨瑟兰（Sutherland）的农场以不合法的方式获得了 9 副人类骸骨，并随后把这些骸骨都捐赠到医学院供教学及研究使用。这 9 副骸骨当中包括两名女性及两名小孩。记录也显示，这 9 个人都是被捕获后被迫成为这个农场的契约劳工的。

直到 2017 年，开普敦大学的人类骸骨负责人维多利

三副骸骨在同一个乱坟岗内被发现，必须利用考古学三大原则去了解当中的关系

亚·吉本博士（Dr. Victoria Gibbon）在盘点馆藏时偶然发现一共有 11 副非法获得的骸骨。因为这次发现，开普敦大学推行了为期两年的公众保育计划，以来自萨瑟兰农场的那 9 副骸骨为主要对象，希望通过科学鉴定能够把他们送到他们后代的手里。这个任务是最重要亦是最困难的，法医人类学家必定要从古老的骨头中提取 DNA，为骸骨寻找他们的来源地及家人。寻找古老骨头里面的 DNA 是最近十年才相对成熟的技术。基于日渐成熟的技术，配合法医考古学及考古学寻找有关骸骨周遭环境的证据及文物，让研究人员及团队能够从更人性化的角度去理解骸骨的故事。

人的身体腐化程序几乎会在心跳及呼吸停止后立刻开始。这些程序会使人体组织慢慢分解。一般法医即会紧紧把握住这段时间，利用不同的病理学方去计算到底死者已经去世多久。尸体上的软组织完全腐烂后就只剩下骸骨。骸骨跟牙齿都是比较坚硬、顽固的组织，即使最后它们都会腐烂，也经得起时间的考验。

骨头，是用一生的时间建立而成的，因此当中蕴藏了不同密码及有关我们生活环境的一些信息。通过分析骨头里面的化学成分以及形状，可以得知骨头主人的周边环境及他从事的活动。另外，因骨头在人一生中，随着年龄增长，会有不同的生长比率及速度，因此通过严密分析其变化，亦可知有关年龄的信息，甚至骨头的主人在什么时间经历了什么事件。因为骨头由有机成分及无机成分组成，只要骨头的保存环境或放置环境得宜，就能把这些信息都完整地保存下来，因此造就了从骨头提取 DNA 去鉴定身份的可能性。当然，DNA 属于有机物质，只要骨头被放在高温的环境中，如在火葬场中被烧过，就不能再鉴定 DNA，因为高温会将所有能用的有机物质从骸骨中带走。

吉本博士与其团队关于萨瑟兰的研究策划，与前文提及的斯诺的研究性质不完全一样，但却得到了相似的结果。最后鉴定出来的 DNA 表明，这 9 副骸骨都是科伊桑人。吉本团队在完成整个分析及鉴定程序后，也通过视频会议与骸骨主人的后代见面了。他们发现这项技术及研究带来的好处，原来不仅可以为几个家庭带来这么大的影响，更能带来"修复式正义"（restorative justice）。通过他们的科研技术，大家能了解到底这些骸骨是怎样被虐待而离世的，而这个策划令所有人——不单是遇害者家属，还有苏格兰甚至开普敦的普通民众，意识到这段残酷的黑暗历史。

深掘六尺之下的真相

这些故事并不单纯地只带有研究及学术性质，更重要的是为寻找逝者身份的调查多提供一个渠道。法医人类学的其中一个最终目标是为逝者发声，无论逝者是谁或者被谁灭口。除此之外，更会为那些被欺压的人——被杀害的、被虐待的、被随便抛至乱坟岗的人——发声，他们被人视为"物件"，不受尊重，也没有尊严。因此，法医人类学在此时此刻担当了一个重要的角色，不只要找出谁是凶手，更要利用墓里那被灭声、被欺压的"证人"找出事实的真相。而真相的背后，往往揭示了人性的丑陋与黑暗。

纵然法医人类学的工作充满意义，但处理及调查违反人道主义的行为，挑战真的很大。在经历过灾难的社区及群体中，这些人道主义及相关调查工作对家属甚至生还者的相关记忆来说都是关键所在！如果不能有效地处理受创伤家庭及家属的情绪，社会复苏的速度会大受影响。虽然说起来很矛盾，但知道尸袋里死者的身份，其实反而比多年的未知与恐惧令人更加平静。知道死者的最终去向，能够让家属将死者的离世与那件不幸的历史事件相联系，而不是莫名自责。

对家属来说，这是一个重启新生活的里程碑。

以我个人来说，每次读到任何有关历史里曾经发生过或现在正在发生的屠杀、种族灭绝事件，受害者及生还者的亲眼所见、亲耳所闻，都不禁心头揪紧，可以想象他们当时被逼到墙角的惨况。对于他们的经历，我们只能想象，却不能感同身受。纵使有机会逃出生天，但如果得知最深爱的人都被杀害，幸存的喜悦也会在瞬间消失。我们唯一能做的就是以科学的手段为他们寻找答案，寻找真相。

加害者可能以为可以借着杀人灭口隐瞒事实及加害手段，令受害人再也无法发声，却不知道受害人只是换了另一个方式、另一种语言诉说着他们的经历。通过解读骨头上的故事，追寻真相有时候可以跨越时空、地域及生死的界限。通过这些不停进步的科研鉴定技术，法医学有关骨头特性及创伤的研究，加上借用了考古学的系统分析及挖掘方法，虽不能让亡者起死回生，却可以使他们的声音就算到了六尺以下都能被听见，能够尝试"治疗"家属的伤痛。

以这些不幸的事件为例，法医人类学必须以极高的透明度参与其中，以便让家属清楚了解他们至亲死前的一刻，并准备面对已经没有办法倒带重来的人生。从事这个专业久了，就会慢慢领悟到，这个全球性的法医科工作不只是抓凶手那么简单，最重要的是把过去及未来联结起来。过去，是眼前的他们经历了什么；将来，是重新振作的力量。不论世界各地的历史背景、政治、宗教如何不一样，人的死亡都给出了相同的与人性有关的答案。

第 三 章

约翰·富兰克林的失航
与骨头的微观世界

无论我们到哪里，接触到什么，都会
留下自身的蛛丝马迹。

—— 刘易斯·托马斯（Lewis Thomas）

凡两个物体接触，必会产生转移现象。

—— 罗卡定律

1845 年 5 月，由约翰·富兰克林爵士（Sir John Franklin）带领的英国航海探险队尝试寻找并穿越"西北航道"（Northwest Passage）^①，其中两艘船——"幽冥号"与"恐惧号"——于 1846 年失踪，船员全部罹难。1845 年的夏天，航海队伍进入加拿大北部，从此失去消息。外界不断推测到底航海队伍经历了什么意外？其中一个推论为，当队伍抵达比奇岛（Beechy Island）后，三名船员先后离世，直至今天依然被葬在这个岛上。他们的死并不是因为寒冷，也不是因为没有饮用水和食物。

---

① 西北航道又称"西北水道"，为一条穿越加拿大北极群岛，连接大西洋和太平洋的航道。

20 世纪 80 年代末期，研究人员仔细研究及检查这三具尸体后，推断他们的死因是肺结核引起的肺炎及铅中毒。对尸体头发、骨头及组织的抽样化验证实，他们体内的铅含量为正常含量的 100 倍。如此高含量的铅，可以导致身体极度疼痛、肌肉麻痹、神经衰弱、迷失方向等。

铅工业对消费者的谎言

铅，长久以来都在人类的大众消费文化中占有一席之地，特别是在化妆品里面，直到今天依然可以找到它的身影。外国有历史学家指出，在 18 世纪，女士们已经懂得将铅加醋制成粉底，以协助她们追求最理想、最受欢迎的白皙肌肤，同时起到很好的遮瑕作用。商家们看到这个商机就开始大量生产并以此牟利，如 Bloom of Ninon 品牌在 18 世纪的风头无人能敌。但使用者都不知道，这些看似很完美的化妆品慢慢地经过皮肤毒害着她们。随着使用时间的累积，使用者们都出现头发变灰、严重腹痛、牙齿脱落、失明、皮肤干燥等症状，严重者甚至会死亡。

从 20 世纪开始，含铅油漆的制造商找来刚起飞的广告业，向消费者"说明"铅对儿童无害。不过，实际上，那些负责处理铅的美国工人都先后出现幻觉，甚至发疯，更有工人跳窗而死。此时，一名科学家站出来"维护"铅的形象。这是历史上第一次用科学来掩盖某样东西对健康及环境的威胁。毒物学博士罗伯特·基欧（Robert Kehoe）受那些油漆工厂聘请，以专业人士的身份来消除大众对铅的危害的疑虑，他说："铅是属于大自然的资源。接触铅的工人会有因工作引致的职业伤害，但只要做好自我规范，就可以降低风险。而且，铅对消费者有害这一点从来没有被证实。"一直都没有人质疑基欧的说法，直至地理化学家克莱尔·帕特森（Clair Patterson）站出来反驳说："从工业革命开始，地球的铅污染已经很严重，并且自含铅汽油推出后急速恶化。"

回到英国航海探险队的案例，有一种说法是船队埋葬好那三名船员后，队伍继续往南边出发。1846 年 9 月，两艘船被困于冰雪中，自此就没有机会启航。当大队最后决定舍弃这两艘被困的船后，船上的船员决定徒步往南走 1000 英里（1609.34 千米）。但离奇的是，这些徒步的船员并没有带着饮用水及粮食前行，而是带着盘子、书桌等奇怪的物品，沿路逐件遗下。除此以外，沿路更有人骨，并有食人的痕迹。

对于他们的经历，以及为何这些船员会有如此奇怪的行为，至今有不同的说法，包括患上坏血病、锌缺乏、肺结核等。但每一个推论最终都与铅中毒有关。背后的其中一个原因是，当时航行前选取粮食供货商的时间不够，启航时间亦不能推迟，因此负责粮食制作的供货商在整个准备工序中都很匆忙，而当时的粮食都是以罐头形式包装的，这些罐头容器恰巧都是由铅制作的。其中一个假设为这些罐头的铅焊料没有被妥善处理，令置于其中的食物被肉毒杆菌污染。光是食物，绝对不会使船员的血液中有如此高含量的铅，因而科学家推断他们的饮用水也都被铅污染了。按照船的草图，船上设有净化海水的过滤系统，而这个系统的水管也都是铅造的。据研究，铅在以下几种情况下会比较容易溶在水中：当水刚蒸馏过而又是软水时；当水管是新的，而里面暂时没有隔层时；当水是热的时。

综合以上所有论点，看来这支航海队伍铅中毒的可能性相当大。不过在 2018 年，一项针对这支航海队伍成员骨头铅含量的科学研究推翻了这个说法。这份报告比较了先后失踪及去世的船员骨头中的铅含量，如果按照前述假设，较迟去世的船员骸骨中的铅含量应该比早去世的高，结果两者的含量差不多。不过，即使铅中毒未必是航海队伍成员的真正死因，这也不能解释为什么船员们在弃船时会带上奇怪的物品。

美国的铅水危机

水中有铅并不是西方或百年前的"专利"，到目前为止，美国甚至世界很多地方也依然有"铅水问题"。美国密歇根州为了节省开支，弃用底特律的供水系统，改为直接从弗林特河抽水。不过因为管道老化，当地饮用水中的铅含量严重超标。为防止水管的铅释出，现在美国多个城市都会在水源加入带负电荷的磷酸盐化合物，当它在水中遇到带正电荷的铅离子后，会与之结合形成不溶于水的磷酸铅，积聚在水管底部。

要诊断有没有铅中毒，以现在的科学技术其实很简单，只需抽血化验就可以了。铅在我们日常生活中担当着重要角色，这并不只限于当代社会，在历史上亦有不同相关事件的记录。因此人可以通过空气、尘埃、泥土、水等媒介以不同的方式接触到铅。另外，因为铅的成本较低，在工业生产中用途广泛，因此我们日常生活中有不少产品都是铅制的。

这种慢性中毒的毒源会在进入身体后分布到脑部、肝脏、肾脏及骨头，并且储存在骨头及牙齿里面。如果有人恰巧在这个时候怀孕，储存在骨头里面的铅会释放到血液里并且会影响正在发育的胎儿。铅对人来说毒性这么高，是因为铅进入人体后会模仿细胞成长需要的其他金属元素，例如铁及锌。铅的伪装技术很高，体内的细胞酶都会被它的伪装蒙骗，与之结合，视之为自己必需的养分及营养物质。不过，事实上铅是个骗子，它根本没办法满足细胞的营养需求。同时，铅会阻碍神经传导，使细胞与细胞之间不能沟通。另外，铅更会干扰记忆及学习，因而铅中毒的人会出现极其明显的记忆衰退现象。

铅中毒可以发生在任何年龄的人身上，当中以对儿童的影响最为严重。由于没有一个固定的标准衡量接触多少铅才算超标，加上铅中毒亦有不同的表征，在低剂量中毒时未必能被察觉，所以在诊断时需抽血化验。

但如果铅是在骨头上呢？一般如果能够照一张 X 光片，

就有很大概率看到铅中毒患者的骨头，特别是四肢末端会特别明亮，片子的颜色特别白。这是由于前面提到的，铅在进入身体后会储存在骨头中，特别是骨头末端。因为这个部分正好是平常储存钙质的地方，钙可以协助骨头的发育生长，而铅没有这个作用，所以只能在此积聚，积聚得越久，X 光片上的表现就越明显。另外一个可以从骨头检验铅含量的方式，是通过微观世界的协助。

微观科学——从骨头窥探人的一生

检验铅含量并不只是在法医人类学中运用的微观科学手段，地理学家及考古学家亦利用铅来了解人类或族群的迁移史。这种利用微观化学及地理科技去协助分析骨头内信息的技术被称为"稳定同位素分析"。同位素分析可让研究员从微观视角了解死者的过去，缩小地理位置的搜索范围，了解死者的出生地及在世时的旅游轨迹，以及其他跟死者有关的细节。

同位素分析技术并不只应用在法医人类学及考古学上，也被运用在地理学、生物学等研究领域。日常生活中可以用来分析研究葡萄酒的来源地及出产地，防止假酒流入市场。一般运用在考古学领域中的同位素分析，多是用来了解群体的饮食习惯及群体的流动性（如有没有迁移等）。而在法医人类学层面上，同位素分析则用于辨认无人认领的尸体的身份，例如推断死者的出生地。虽然不能借着同位素分析得出一个确切地址，但却能有效缩小搜索范围，只要比对相关失踪人口数据库，再向家属多索要一些相关数据，就可以提高辨认成功的概率。

动物及人的骨头和牙釉质都能反映其饮用水、动植物食物的来源。而锶元素则能用于推断一个人小时候的居住地。通过跟有关数据库的数据进行比对，可以推断出一个大概的范围，以及他的搬迁路线及模式。同位素分析的一个重要理念是"你吃过、喝过什么，你就是什么"。每一种食物的化学成分都会反映在你身体内的组织及体液里。通过分析骨头的骨胶原、牙齿的牙釉质、头发及手指甲中的蛋白质，甚至牙齿及骨头中的矿物成分，都可以大概了解这个人一生的生活习惯。其中，头发及指甲的同位素分析可以反映一个人短期内（1~3个月）的饮食及旅游习惯，牙齿及骨头中的同位素则能反映长期饮食及旅行习惯。

技术上，经常用作同位素分析的是碳–13（^{13}C）、氮–15（^{15}N）、氧–18（^{18}O）及锶–87/锶–86（$^{87}Sr/^{86}Sr$）。以上几个同位素都比较稳定，不会因为时间的流逝而出现衰变的迹象。而这四个同位素都因环境而有不同的比例，因而可以协助我们了解有关气候变化、环境变迁及饮食文化等的信息。举一个简单的例子，假设一头牛以吃某个区域内的草为生，然后人吃了这头牛，这块草地的同位素及化学元素就会出现在人和那头牛的骨胶原中。用来了解饮食习惯的同位素通常都是来自植物的碳–13及海产类动物的氮–15。而用于了解迁移习惯的多半是氧–18及锶。前者来自雨水、自来水等，后者来自石头，而铅与锶都经常被考古学家采用。这种技术现在经常用于辨认那些想跨越地域而不幸丧命的非法入境者的身份。

2018年，有研究指出，现在已经可以利用头发同位素分析推断头发主人的性别、体形、饮食习惯及运动习惯等，头发里的碳–12（^{12}C）及碳–13是分析重点。研究指出，从问卷推断女性BMI指数（身体质量指数）的准确度为80%，从头发推断性别则有90%的准确率。另外，研究人员更指出，能够利用同位素分析推断出生地或来源的准确率只有 70%。团队随后解释道，此数字就算没有高达 99% 也可以，原因是这项信息只是协助调查人员缩小查案范围，因此 70% 的准确率已经足够了。

虽然，骨头看上去跟化学扯不上关系，但其用处还真不小。化学物质都是大自然给予我们的资源，它们可以来自饮食、我们的生活，甚至我们的细胞。它们没有好坏之分，甚至砷、水银、磷，在某些方面都有利于我们的生活，它们的好坏都是看我们如何使用，继而骨头再给予相应的反映，两者的平衡是重点。最后的成品就必然是我们死后遗留下的骸骨，向后世展示着我们一生努力的成果。

美国医师普里泽夫德·波特（Preserved Porter）在 1790 年拥有五名奴隶。1798 年其中一名奴隶去世，波特医生保存了这名奴隶的尸体用于自己的研究，并在处理好这名奴隶的骸骨后，请来当地医生协助，利用这副骸骨来教子女们有关人体的知识。20 世纪 70 年代，波特医生的曾孙女把这副骸骨捐赠到博物馆，博物馆按照骨头上面标着的名字"Larry"（拉里）命名了这个标本。

终于在几十年后，这个馆藏品吸引了研究人员的目光。从骨头上推断，此组骨头的主人为非洲裔后代，身高约 167 厘米，死时年龄为 55~60 岁。他们将波特医生的家族记录与这次利用骨头推断出来的资料比对，确认了"Larry"其实是一位名为"Fortune"（福琼）的奴隶。另外，Fortune 的手脚骨上都有迹象显示，其韧带因为长期于高压环境下工作而受伤甚至撕裂，此类创伤被称为"末端病"（enthesopathy），指骨头与肌腱或韧带的接合处有炎症修复后产生的钙化或纤维化。专家将之与其他奴隶的伤痕记录及创伤痕迹进行比对，发现了同类型的创伤。历史记录显示 Fortune 的死亡是因为意外遇溺。颈骨上的创伤痕迹则显示他有可能在意外跌倒的时候断了一节颈椎而导致死亡。历史记录亦指出，Fortune 的子女在他死后便被买走。但博物馆并未放弃利用"Fortune"的 DNA 及同位素分析等技术，尝试寻回当时被买走的他的后代及他们现在的聚居地，希望可以让这个家庭有重聚的一刻——即使他们已经离开了人世。

　　法医人类学通过骨头，为本来普通又寂寂无名的一副骨头找回了被遗忘的身份。在 Fortune 去世后的 215 年，即 2013 年，他终于可以安息了。

　　肉身腐化后留下的骸骨是每个人曾经生存在世界上的

证据。它，满载着一个人生前的故事及离世后所经历的事件。这些骸骨成为连接亡者世界与人世间的桥梁。我想，这也是我在众多研究范畴当中特别喜欢法医人类学的原因。它能够让我们后世的人去理解亡者的经历，这些经历都是嵌在人骨里的。换句话说，我们并不只是从演变层面、生物力学、生物学去了解骨头，而是尝试去理解，到底这些来自不同时空的骸骨如何跟在世的人产生交集。当然，骸骨的地位，甚至观察每一副骸骨的角度、观点为何，则要看与它对话的人是谁，或当地的文化历史是如何影响他对自然史的理解。当骸骨不能说话时，就让我们法医人类学家为它们代言。

第 四 章

卖火柴的小孩：
现代化的代价

在 1888 年，英国经济刚刚起飞的年代，有超过 1400 名妇女及小孩发起罢工。他们以罢工的方式去控诉男权当道的火柴制造业。由于工作条件及环境实在太不人道，他们温和地提出诉求，却反被雇主以铁腕政策要求签署文件——"被"满意工作现况。他们借着罢工让大众开始了解平时甚少接触的产业内幕。到底是什么问题呢？按照其诉求可知，因为他们每天要在伦敦的东边工作超过 14 个小时，他们怀疑工作中接触的化学物质令自己的身体出现不适。此罢工开始几个小时以后，负责制作火柴的女士及孩子们都参与了罢工行动。但火柴制造厂里面的物质到底会对人体产生什么影响，到底当时工人们的身体出现了什么变化，一直没有实质性的考古证据能向现今的我们说明，直到最近几年。

约在 2015 年，有一群人类学家研究了一具青少年的骸骨，他们指出骨头上具有"磷中毒"的特征。

磷的双面刃

磷有不同的形态及颜色，白色（即一般的光磷）、红色、紫色、黑色及最近找到的粉红色。磷的英文名为phosphorus，来自希腊文，有着"带光者"的意思，全因磷具有易燃性，尤其是黄磷。因为其易燃性，人们联想到黄磷可以作为很好的室内照明工具——原先的设计理念是，用极少的能量及摩擦力摩擦火柴头就可以照明，故黄磷被应用于制造火柴。这对当时的照明及生活方式来说是一大进步，因此火柴的需求异常高，继而催生了一个名为"浸染工"（dipper）的工作岗位。

因为火柴的流行及需求，造成了一种病症叫磷毒性颌骨坏死，也称"磷毒性颌疽"。这类颌骨坏死都源于患者长期接触毒性相当高的磷，而患者大部分是女性及孩童，因为他们的手指相对纤细。每一个火柴制作工厂的工人，每天的工作时长为 12~16 个小时。工作期间，工人们必须站在一缸微温的化学液体前，用手指拿着火柴的木棒浸染混有黄磷及其他化学物质的液体。而每支火柴都必须被浸两次，在风干之后剪成小棒，装在盒里出售。因为工作需要，他们会吸入由黄磷释放出来的气体，这等于患上磷毒性颌骨坏死的风险很高。

虽然有这样高的风险，但因为这是在工业革命起飞初期，所以重视职工安全及限制最高工时的概念还没有萌生。换言之，这样的工作，薪水并不高，工时却很长。工作环境的通风条件也异常差，非常黑暗。小孩及女士们长期暴露于高危的环境中，又因为欠缺活动及阳光，罹患肺结核及佝偻病 ① 的风险较高。因为长期暴露在含磷的地下空间中，磷对他们健康的不良影响更高。

在化学元素周期表排第 15 位的磷曾经非常神奇而神秘，吸引了很多炼金术士的青睐。它能令骨头发光，造就与"鬼火"相关的诡谲传说，甚至在 19 世纪造成"人体自

---

① 　一种于儿童时期发生，主因是维生素 D 的摄取不足、日光照射不够或其他疾病导致体内维生素 D 缺乏，钙磷代谢失常，使骨骼发育障碍或畸形的疾病。

燃"事故。磷绝对不是百分之百的邪恶之物。相反，它是人体必需的微量元素。当它跟氧气结合，形成磷酸盐，能够将我们的 DNA 连接起来，令我们的骨头更加坚固！

　　这些长期暴露在黄磷环境中的人，随着时间的推移，身体会发生改变。吸入黄磷释放的气体会导致肺部炎症及其他肺部问题。磷散发到空气中后，其粒子会依附在墙壁及地板上，因为有发光的效果，工人回到家后其衣物亦会发光。如果工人吸入过多的磷，他的呕吐物也可能会轻微发光。

磷毒性颌骨坏死症

　　这具由英国杜伦大学的人类学家研究的青少年骸骨性别并不明确，由于青少年的年纪介于 12 到 14 岁，其反映在骨头的性征还不明显，因此对性别的推断并不会有太大帮助。这名青少年患有坏血病、佝偻病、磷毒性颌骨坏死，并可能患有肺结核。其佝偻病的病征非常明显：由于长时间在工厂工作，没有机会晒太阳，因而未能制造足够的维生素 D 协助骨头生长，故大腿骨的形状是弓形的。另外，头骨及腿骨上的骨头非常薄，人类学家推断他患有另外一个与新陈代谢有关的疾病——缺乏维生素 C 导致的坏血病。再加上肋骨部分的异常，学者们怀疑其可能患有肺结核。

坦白说，这些疾病在 19 世纪的英国伦敦并不罕见，这是由于人口稠密及初开发城市的卫生条件不甚理想。不过最吸引研究人员的肯定是青年的下颌，也是因为下颌的情况才使研究人员联想到这种情况可能与火柴制造厂有关。

磷毒性颌骨坏死最初的症状是牙痛，然后是牙齿脱落，之后脸部开始肿胀，下颌会有化脓的迹象，脸部沿着下颌的位置开始腐烂，继而可看到已经坏死的骨头。有时候因为有过多的磷在骨头里，因此骨头会于漆黑时发光！唯一的办法就是让那个人离开有磷的环境，可是从谋生的角度来看，这是不可能的。因此，为了防止磷毒扩散到其他内脏部分，特别是扩散到脑部，继而导致肝脏衰竭，当时的医师会进行下颌移除手术。连同复原及安装"新"的下颌，一共需要住院 6 个星期。不过大部分手术后的病人在回家当晚都会死亡，据说原因是在睡觉时被呛到。

研究指出，11% 曾经暴露在黄磷气体中的人，都会于 5 年内出现磷毒性颌骨坏死的症状。这个症状会使下颌骨受到大规模的感染，而这名青少年的左下颌骨有大面积的骨组织坏死，甚至延伸到下颌的中间。研究人员又将这个症状与历史上同样因为生产火柴而出现类似症状的骨头比较，发现两者的特征完全吻合。

虽然研究人员最终不能肯定这具骸骨生前是否曾经受"磷毒性颌疽"之苦，不过可以肯定的是，他脸部的轮廓甚至样貌都因为下颌问题而出现改变。因为骨头上有大面积的骨髓炎的痕迹，脸部会肿胀及化脓，而经由口部流出的脓液都会带有异味。

我们因为检视骨头看到火柴制造曾有这么大的问题，但英国政府到1906年才正式禁止采用黄磷作为火柴原料。这具青少年的骸骨可以说是第一个在病理学上有关磷毒的证明，笔者也深信考古学家会于不久的将来找到更多这样的证据。

从磷毒的这个例子可以看到，令骨头中毒的方式中，吸入式虽然为慢性但后果异常严重，特别是吸入那些在化学作用下成分化成粒子飘浮在空气中的有毒元素。它们一方面向我们展示了19世纪工业的进步，反映了人们懂得利用科学等手段改善生活质量，而另一方面亦展示了工业革命及社会变革，对聚居的人或是工人带来的巨大负面影响。因为两者交替影响，现在的我们能够从遗留下来的骸骨特征了解以前人们的故事。同时也让我们知道，安全、健康意识的改善可间接使这些致病物质不再肆虐。不过，现实中并不是每一种危害我们健康的物质都"气数已尽"。其中一种到今天依然在肆虐的必定是砷，或许大家对它的另外一个名字更熟悉——砒霜。

越漂亮的绿色，越有毒？

砷是砒霜的主要成分。在 19 世纪初期的英国，杀害丈夫的最佳方式？用砒霜！杀害自己孩子的方式？把砒霜涂在乳头上，让婴儿通过饮用母乳摄入就可以了！砒霜在当时几乎可以说是女性常用的杀人武器。因为所有人中毒后的反应不外乎腹泻、呕吐及腹痛。死亡一般要经历较长时间，有人甚至长达数小时。

砷是地球上一种自然出现的元素，由于它能制造出一种与众不同的绿色色素，因此 19 世纪时被运用在壁纸、油漆、布料等的涂层上。它本身并没有害，除非与碳酸盐混合加热成为三氧化二砷，或称白砷。在低剂量时，砷对人体也没有危害，反而有着多种医疗用途。这种亮眼的绿色后来成为"谢勒绿"（Scheele's green）。除了上述提到的装饰用途，此色素后期更应用于饮食及玩具上：蛋糕色素、糖果色素等。现在大家听到都觉得恐怖吧？想象一个小孩在玩一辆绿色玩具车后，把手指放进嘴里……又或是有人分发绿色糖果给身边的小孩。随后，因为陆续有孩子住在绿色的房间日渐消瘦，穿着绿色洋装的女士身体都容易出现不适症状等，人们开始怀疑到底这种绿色色素是否有问题，继而衍生出"巴黎绿"（或称翡翠绿，Paris green）。不过，这种绿色也是带有砷毒的。

最初，完全没有人懂得如何处理这种病症，当时有名的医生甚至会建议病人放 12~15 颗荔枝在肚子最痛的位置上。随后，有医生把病人胃里的食物丢到火里烧，发现如果燃烧后释放出大蒜味，即代表那堆食物含有砷。这种做法到现今依然有法医在采用。

这些有毒的绿色颜料会破坏所有接触到它的人的手及身体。砷会腐蚀指甲下的组织，会通过破了的鞋子侵蚀脚趾。甚至，若不知不觉间有砷藏在指甲里，再用指甲直接抓皮肤，毒药可以直接进入血液，从而导致皮肤发炎。当然，中毒的不只是制造含砷产品的工人，这些产品的用户也深受其害。1871年，一位女士购买了一箱绿色手套。慢慢地，她的双手起了变化，从指甲边开始溃烂。

另外，跟磷毒、砷毒一样，水银中毒的主要受害者也是在工业加工作业中接触汞元素的人。在19世纪的英国，男士有戴帽子的习惯，当时主要是用兔毛制作帽子，制作工序中，为了使兔毛能更容易粘在一起，工作人员必须用到水银。水银中毒可能比其他金属中毒的后果更加恐怖！一个人一旦吸入水银，它会直接攻占大脑，因此首先产生的中毒症状都是与神经系统有关的，例如手抖。这些19世纪的造帽工匠之后开始出现心理问题，例如变得异常害羞甚至极端暴躁。有些工匠的病症随后更发展为呼吸及循环系统疾病。值得说明的是，由于工匠最后会在帽子里加上一层布隔开有水银的部分，因此只有制作帽子的工匠才有水银中毒的风险。

新科技是救赎还是伤害？

我们都以为"磷毒性颌疽"今天已经被彻底消除，但现实中，却因为现代医学，在某程度上反而令这个病重生了！在现今医学界，有一类名为"双磷酸盐类"的药物经常用于治疗癌症及骨质疏松这类疾病。这类药物有可能造成下颌骨的健康恶化。当然，保持口腔卫生、经常检查牙齿及服食抗生素能够有效降低相关风险。不过即使如此，也说明在医学进步的过程中，虽然部分疾病被治愈，但有可能衍生出新的问题。

工业化时代的磷中毒事件引发的一个重要议题是那个时代女性及小孩的健康问题。因为手指比较纤细，因此他们在没有任何防护的情况下被安排直接接触这些毒性很高的化学物质，而且当时他们的症状并没有被特别关注。这种在医疗上的不平等对待，时至今日依然在社会中存在。有研究报告指出，在现今的医疗体系中，女性的痛楚与男性相比，没有被重视、被认真对待，甚至在有些国家或地区，有时候医生为女性诊病所花的时间都比男性的少，因此女性被误诊的概率更高。

为此，世界各地的女性都相继为自己的健康及医疗权利站出来，反对当权者以不同形式的政策及手段，剥夺她们在自己国家甚至全球应该享有的权利。这种不平等对待不限于医疗层面，而是生而为人应享有的权利。从 19 世纪的火柴女工到今天专门为女性而设的不同形式的避孕方式，不但间接或直接伤害了女性的身体健康，而且要她们相信并接受这一切都是不可避免的。

2018 年年底，网飞上映了一部名为《尖端医疗的真相》（*The Bleeding Edge*）的纪录片。此片探讨了"植入性医疗器械"这个当代产业，大至骨科用的人工关节，小至女性的避孕器。这个产业可以说是医疗科技的一个飞跃。不过，在享受这种人类科研成果的同时，我们其实很少考虑这些植入物是否安全，它们会不会对身体造成创伤。植入性医疗器械这一产业的市值数以千亿元计，每年为市场提供先进的器械及工具，以改善及保持人类的生活质量为己任，例如心脏起搏器、髋关节替代物、眼角膜移植等等。可是，没有太多人会去研究这些工具的研发甚至使用背后有多不人道。此纪录片不是企图推翻这些好事，或是控诉这些仪器，而是想通过呈现某些装置植入人体后产生"毒素"，甚至对事主造成不能挽救的伤害，让作为观众的我们去思考人们应该如何避免并减少这些事情的发生。

　　20 世纪 50 年代，药物"沙利度胺"（Thalidomide）因为能够有效抑制孕妇的妊娠反应，又被发现有镇静催眠作用，而风行全球。可是到 1960 年，有医生发现欧洲婴儿的畸形率非常高，继而开始对此症状展开调查。研究显示，胎儿畸形与沙利度胺的使用相关，因而他们开始对此进行深入研究。随后，相继有欧洲国家停止销售这种药物。沙利度胺影响了新生儿四肢及脸部五官的发育，令婴儿的身体成长不完全，继而患上"海豹肢畸形"（Phocomelia）①。可是，由于当时的孕妇们都不知道为何婴儿会患此疾病，就算知道是什么症状，也没有办法将情况逆转。到今天，沙利度胺因多得病理学家及药物学专家的研究，成为可以有效治疗红斑狼疮、麻风病及多发性骨髓瘤 ② 的药物。

　　这种监测本来就不是医生的分内事，而是厂商在正式推出医疗产品前要经过严谨审慎的评估。幸运的是，植入

---

①　海豹肢畸形为一种天生的残疾，此病可以泛指缺乏器官，包括脸部五官、四肢或身体的任何部位。
②　多发性骨髓瘤是一种骨髓造血系统的恶性疾病，多发于老年人，平均患病年龄为 60~70 岁，男性的患病率比女性高。

性器械一般都是能移除的，如果是不能移除的呢？又或是移除后对身体造成的伤害有增无减呢？《尖端医疗的真相》中讲述了女性用的植入式避孕装置 Essure，以及改善产后子宫脱垂问题的人工网片（mesh）等。前者是因为厂家没有正式向医生介绍如何置入及移除，医生使用了错误的方法，让女性受到痛苦煎熬。后者则因为一旦置入体内，完全没有方法移除整个装置，严重影响了使用者的生活，并使她们经历更多的手术及不必要的痛苦。

　　通过前述英国杜伦大学研究的青少年骸骨，我们能够检视以前在工业革命起飞初期，人们为谋生所经历及承受的一切，更了解到这些在今日的我们看来好像不可思议的病症。另一方面，我们更理解了当时的社会状况，一个国家或城镇为了城市化，其居民要付出怎样的代价，以及当时社会结构里面的两性不平等现象。乍看之下，这些不平等没有因为时代的变迁而消失，我们现代社会反而出现了因为牟利及为一己之利而欺诈他人的趋势。通过骸骨，我们好像把两个时代的事件及社会问题联系了起来，亦说明了我们今天必须要继续为后代奋斗，争取及宣扬性别平等的重要性，甚至延伸到更深更广的层面，重点是要他们知道每一个人都值得被尊重，都享有平等的权利。要达到这个目标，就必须像那些 19 世纪的火柴女工一样，为自己受到的不平等待遇发声。

第 五 章

肯尼迪总统之死
与另类身份辨识方法

如果你有追看美剧《识骨寻踪》（*Bones*）的话，可能会记得其中一集讲到布伦南博士（Dr. Temperance Brennan）等人被困在自己的实验室大楼中，并被要求于日出前处理好一副指定的骸骨。整个过程都有像 G4[①] 一样的神秘人监视着，气氛十分紧张。布伦南博士在细心观察及研究后，怀疑自己正在处理的这副骸骨不是别人，正是美国的总统约翰·肯尼迪。

在这里，容许我先简单介绍一下肯尼迪总统的遇害经过。1963 年 11 月 22 日，肯尼迪总统在第一夫人的陪同下

---

① G4 为香港警方保安处第 4 组的俗称，也称要员保护组，负责各国首脑、重要领袖人物的警卫和安保工作。——编者注

到得克萨斯州访问。约中午时分，正当总统坐着敞篷车出巡，行驶至一个转弯处时，有一名埋伏的枪手向他开了枪，直接瞄准其喉咙，肯尼迪总统当场毙命。数小时后，官方指认的凶徒亦被枪杀。虽然继任总统成立的调查小组给出的报告支持这个说法，但民众却不接受，因而衍生了各种阴谋论。

电视剧里最后并没有给出确定的结论，到底布伦南博士处理的那副特别的骸骨是否真的属于肯尼迪总统，不过这个情节却引人遐想：到底法医人类学家有没有参与过真实的肯尼迪总统遇刺案的调查呢？

遗骸的身份辨识——额窦比对

在肯尼迪遇害后，解剖时，法医们按程序要求公布了肯尼迪总统遗骸的 X 光片。但正是这 X 光片遭到了阴谋论拥护者的质疑。看到这种情况，当时的特别调查委员会（House Select Committee on Assassinations，HSCA）就邀请了两位法医人类学家埃利斯·克利博士（Dr. Ellis Kerley）和克莱德·斯诺博士，检查及证实能否用科学方法来推断尸体是否真的属于肯尼迪总统。面对这个挑战，两位法医人类学家采用了到现在都经常使用的方法尝试核实尸体的身份：X光片对比。

他们将解剖时由法医拍摄的X光片与肯尼迪总统生前在医院拍摄的记录进行比较。他们比较了正位、侧位的X光片，以便观察"额窦"的形状及位置。学者推崇的额窦鉴定这个方法早在1927年就有记录。

一般通过骸骨去准确辨识身份的方法有几种，最常见的可能是与生前的X光片做对比，或是把牙齿与生前的齿科记录做对比。而另外一个常用的技术就是额窦比对。额窦为眉弓后方颅骨内外侧骨板（前额骨的两层骨）之间的一个空间，在X光片下，每个人这个空间的形状都不一样，也甚少对称，因此通过比较生前及死后，甚至被烧过的骨头的前额X光片，就可以知道是否是同一人。

美国知名法医人类学家道格拉斯·于贝尔哈克（Douglas Ubelaker）曾经利用一个博物馆馆藏，去研究颅骨内的额窦能否作为身份辨识的工具。其后有不同的研究指出这个方式的可信程度相当高，同时因为额窦即使在尸体火化后依然能保持其特征，所以人们希望通过科研让这项技术应用于火烧过的骨头碎片鉴定。不过，由于额窦的位置其实很接近前额骨的表层，因此有可能在火化时已被火焰影响，并因为热力而造成断裂，加上美国有关部门认为，由于现时没有一套明确的指南及方法，如果在法庭上被质疑，专家证人必须向庭上的陪审员及法官解释其可取性及准确性。故到现在为止，学者们仍然需要努力，让这项技术成熟起来。

　　法医人类学家在鉴定身份的过程中挑战不断，因为每一副骸骨的经历都不一样，而很多时候都缺乏死者生前的病历及资料，死后尸体又会因人为或大自然的因素有所改变。这个时候，其他的鉴定方法就能派上用场了，比如用死者身上的衣物、骨科植入物及刺青等协助寻找逝者的身份。

衣物鉴定

　　在死者的随身衣物上，或许能够找到他们死前的蛛丝马迹，有时甚至可以看出被害的方式。因此，鉴定衣物，特别是当衣物因袭击而被破坏时，是法证科里不可忽视的一个专业。通过深入分析及检视衣物受破坏的位置，可以协助执法人员侦破枪击、锐器伤害，甚至强酸袭击等案件。

衣物上因为袭击而造成的破坏，可以说是身体上真正伤口的"二维版本"。一般的分析当然会特别留意伤口本身，但有时候因检验或环境限制而不可能反复检视伤口。最常见的情况如伤口已经被缝上，而警方依然在努力调查，并需要重新检视证据，衣物鉴定就是一个好方法；又或是发现尸体时，尸体已经极度腐烂，原本的伤口也已经连同身体其他软组织腐烂掉。

以钝器创伤为例，撞击可以由拉、扯、踢及压等方式造成。其中一些研究者专门研究了6个被汽车、火车等交通工具撞击致死的死者的衣物。这些研究者都称看到这些浅色衣物上有很明显的黄色污渍，相信这与猛烈撞击有关。由于这些案件中的死者都有肥胖迹象，研究人员怀疑这些黄色的污渍是来自死者体内的脂肪。当然，撞击可能导致身体其他地方受伤，因此有血液等染色，但黄色污渍更可能是身体其他物质导致的。可惜的是，研究人员并没有探讨所有可能性。不过，研究人员都认同，撞击力的大小不同会对衣物有不同的影响，继而影响它之后的改变情况。

　　锐器造成的伤口,很明显能看到刺伤的位置,锐器会穿过布料并留下一个小洞。不同凶器(例如不同种类、尖锐度、形状的刀,以及不同的下刀方向或者倾斜度)在衣物上造成的洞和在身体上造成的伤害也会不一样。这种分析,可以与法医人类学家从骸骨收集到的刀伤资料进行对比,去进一步证实或推翻有关伤口的既有推论。

　　枪伤对衣物的伤害,是一个现今还需要加强研究的领域。我们有限的研究发现,衣物可以作为子弹穿过的障碍物。当然,这个说法也受很多因素的影响,例如发射子弹时与衣物的距离,甚至衣物本身的材质。研究人员用空气枪做了一个实验,发现大部分布料在大于 18.2 米的距离可以阻挡空气枪的子弹,而牛仔布料只需要 9.1 米。反之,棉布完全没有阻挡子弹的可能性,因此一般大众的衣物比狩猎者及执法人员的防弹衣更薄,更容易被子弹穿破。

　　大众对于法证科的刻板印象一般都停留在 DNA 鉴定上,但有"时尚警察"之称的法证衣物分析师(forensic garment analyst)与法医人类学家一样,主张不要依赖化验结果,而是要"聆听"及细心观察证物本身。在某些情况下,尸体已经死去多时,因为环境条件而完全腐化,变成骸骨，并只留下了衣物。这个时候，除了让考古学家或法医人类学家上场，更需要衣物分析师从衣物上寻找有关死者死前经历的一切痕迹。

英国的服装历史家安珀·布查特（Amber Butchart）指出，在分析衣物的材质及整体时，不要轻易用一些"标签"来形容，而要尽量把衣物的特色详细地描述出来。她举例说不要用"民族风"（ethnic）来形容一些来自外地的布料，因为这是非常主观的诠释，每个人对"民族风"的定义都不一样，因此我们需要把描述语标准化。所以，在描述从土中挖掘出来的衣物颜色时，我们就算看到绿色或蓝色等颜色，都不会直接以这个颜色来描述衣物。原因是这个颜色有可能是原本的颜色物质在泥土里被分解后呈现的效果，因此只能用"深色"或"浅色"来描述。

除了比较款式，看衣物的制作工艺、颜色等也是很好的分辨途径。前提是，我们要了解这件衣物到底是多久以前生产的。当然，由于在法医人类学专业里遇到的案件都是近代的，所以分析出来的时间也比较近。相反，考古学中涉及的衣物则可以是上百年甚至数千年前生产的。因此，第一步就是要把衣物的小部分样本取下来并放到显微

协助鉴定身份的有弹孔的衣物

镜下，观察衣物的微细结构及布料的颜色。如果一件衣服都是由天然布料组成，如羊毛、棉或者麻布，则这件衣服至少有 80 年的历史。反之，如果显微镜影像显示它为人造布料，衣物的制造时间就不会早于 20 世纪 20 年代。当然，在某些特定情况下，鉴定人员会采用摧毁性的方式去找出衣物到底有多久的历史，例如放射性碳定年法。

在 2017 年加拿大新斯科舍省（Nova Scotia）的一个考古发现里，考古学家埃米·斯库特（Amy Scott）与她的团队就专门用衣饰来协助判断骸骨身份。该次考古共找到了数十副骸骨，其中一副男性骸骨的盆骨下面，有三颗奇特的锡制纽扣。考古学家从这些纽扣及骸骨的牙齿推断，这名男子是一名 18 世纪的外籍士兵。

衣物，说实话，只能提供一个推测的身份，特别是在一些曾经发生过战乱、难民潮的地方。但对生还的家属们来说，亡者的衣物很重要，不论这衣物是家人的还是陌生人的，都可以帮助他们在经历巨大的悲剧之后继续生存下去。因此，虽然我们不太鼓励只用衣物去证实一个人的身份，但在特殊情况下，这是唯一可以用到的死者身份辨识法。

体内植入物

在如今这个时代，由于医学进步，通过骨科植入物辨认身份也是非常好的方法。骨头上的"关节植入物"通常都带有资料，如制造商信息、产品序号等。只要联系制造商或代理，就能找到进一步的数据，例如哪家医院甚至诊所购入了这一批货。有时候可以直接通过植入物找到尸骸的身份，有时却只能缩小范围。在美国，有研究指出，一般需要用到这些另类身份辨认方法的概率大约只有9%。若根据手术或是一般植入性医疗器械进行身份辨认，需要的数据是植入物上的序号及记录着序号的医疗记录。但在美国的学术研究中，序号记录并不是强制性的，而要看主治医生是否有记录此项信息的习惯。

不过在一些情况下，骨科植入物是搜索身份的重要线索，有时甚至是唯一可供辨别身份的方式。如前文所说，可以通过找到植入物的品牌，或通过植入物的特征来确认。最理想的情况是植入物是病患个别定制的或含有病患的个人数据，再加上序号，就能确认身份。如果植入物没有那么个人化的资料，就要寻找植入物的批号，通过供货商找到出货记录等，继而找到分销商，最后甚至可以追寻到是哪一间医院进的货。与前面个别定制的情形相比，这种情况更为常见。植入物的数据能协助法医专家或执法单位寻找死者"有可能的身份"。

可惜的是，这是一种比较新颖的技术，很多相关的研究还没完全量化。而且每个地方处理、记录医疗植入物的做法都不一样，而相关企业变化迅速，所以也有可能找到品牌或企业后，发现公司都已不存在了。

在众多的骨科植入物中，螺丝应该是用得最多的，它可以协助连接肌肉及固定骨折的骨头。不过，螺丝一般都缺乏详细的制造商数据，除非是其他植入物的配件，才会有比较具体的描述及记录。另外，美国学者丽贝卡·威尔逊（Rebecca Wilson）和她的团队更提到，这些螺丝很容易与五金行卖的螺丝混淆，因此很多新式的医疗螺丝都改用"六角螺丝"，希望能够与工业用螺丝有明显的区别。通过比较死者生前及死后，或是植入物的 X 光片，螺丝的款式、数量依然可以算得上是辨识身份的有效参考。

刺青

　　人的身体作为展示我们后天或天生身份的载体，历来都是一张画布。因此，刺青图案及位置能告诉执法者或考古学家很多不同的信息。刺青在身份辨认中起到的作用之大，于2004年的东南亚海啸可见一斑。泰国炎热的天气加速了遇难者尸体的腐化，加上尸体被水浸泡而不易辨认。幸而，根据家人提供的资料，以及利用尸体上的刺青进行比对，加快了部分遇害者辨认的进程。刺青师傅就像不同派别的艺术家一样，带有个人特色。不同风格及设计的刺青至少可以告诉我们一些信息，甚至有机会令执法单位找到某位艺术家，并请他协助调查死者身份。

　　1980年，两名女子于美国加利福尼亚州被杀。其中一名女子身上有非常独特的刺青。虽然如此，这个案件一直都没有被侦破，后来变成悬案。直到2015年，这宗悬案再度引起关注，有关人员通过现在先进的DNA鉴定追踪到凶手，这名凶手原来是一名强暴及杀害女子的惯犯。虽然法证科学的进步技术让人们对凶手有了进一步了解，但此案件的受害者身份依然未明。唯独那名有刺青的女子被描述为拉丁裔或美国原住民，死时（约 1980 年）年约 25 岁，留着深色的头发，有些牙齿不见了。而她的刺青，是一颗心上下分别写着 "Shirley"（雪莉）及 "Seattle"（西雅图）两个英文单词。而另一个刺青是一朵玫瑰，亦有两组英文字，分别是 "Mother"（妈妈）及 "I Love You"（我爱你）。

　　有刺青的皮肤能经受时间的考验，减慢腐化速度甚至得以保存。刺青的墨水会穿透至皮肤的真皮层，至于刺青到底有多深，就要看接受刺青者的皮肤薄厚程度了。在激光去除刺青技术出现之前，刺青只能以手术去除。以激光去除刺青的原理是，用激光的热力令皮肤细胞死亡或分裂，使皮肤深层的墨水粒子游离于原本刺青的位置。有时我们在解剖中会发现尸体的淋巴结有墨水的痕迹，这样虽然表皮看不见刺青，但仍可证明死者生前曾经有过刺青。

　　现在虽然出现了不同的去除刺青技术，但在 X 光、红外线及激光的照射下，被去除的刺青依然会依稀可见。这归功于刺青用的墨水成分。墨水当中的金属粒子及其密度能呈现于 X 光片上，此法还能看出刺青的新旧。按照学者们研究的结果，旧的刺青会看得比新的清楚，此现象是由于墨水中的金属会随时间慢慢沉淀。而欧盟近期亦禁止了所有带金属的墨水用于刺青，这个条例同时变成了鉴定刺青时间的分界线。另外，红外线也可以去除刺青，但在不同的光谱下，刺青却依然会呈现出来，只需要将影像增强，就能看清刺青的图案。

法律与人道的公义标准

刺青给调查人员的另类提示可以说是罪案调查及法证科学数年来的一大飞跃。可惜的是，虽然如此，上述女子的身份至今还没有被确认。不过，既然已经知道了谁是犯罪嫌疑人，这个人已经被定罪，案件到这里已经算结束了吗？受害人身份未明，还需要花费人力物力去处理吗？如果需要，背后的原因是什么？是为了防止再有此类事件发生？还是为了尊重死者和她的家人？抑或是已经没有必要再追踪了？法医人类学对受害人身份的执着或许能解答以上部分问题，但这些问题道出了律法上追寻的公义，跟人道及法医学甚至科学上所追寻的公义可能会有出入。而要找寻两者之间共同的价值观，依然需要很长一段时间。

回到肯尼迪总统被刺杀一案，两位学者最后于报告上写道："单凭从生前及死后的 X 光片上看到的额窦形状的相似之处，足以断定两张 X 光片来自同一人。"他们又指出，除此之外，颅骨上的其他特征，例如眼眶的形状、囟门的闭合程度及纹路都很类似。因为有这样的结论，特别调查委员会最后亦正式以官方名义公布了两张 X 光片都源自同一人——即被刺杀的美国第 35 任总统肯尼迪。

　　直到今天，依然有人继续以不同角度去破解这件刺杀案剩下的疑点。可惜的是，骨头能告诉我们的信息有限。或许，在未来的某一天，科学技术再成熟一些，会有其他的调查方法及工具，能破解更多像肯尼迪总统被杀这样的疑案。

第 六 章

泰坦尼克号与鬼船：
揭开水中腐化之谜

2018 年，不同国际媒体都报道，数艘"鬼船"（Ghost ships）相继出现于日本海域，并推测船只来自朝鲜。其中，一艘发现于新潟县佐渡市的"鬼船"载着一具男性骸骨，并于 24 小时之内有民众于沙滩附近发现另一具骸骨。后来，亦在秋田县发现一艘载有八具骸骨的破烂木船。

日本海上保安厅把这些"鬼船"与朝鲜扯上关系，因为发现第一具遗骨时，在现场发现了同时"遇难"的朝鲜烟盒及主要标有韩文的救生衣等物品。按照报道，这些尸体已经变成白骨，相信这些人已经死去一段时间了。

一具尸体在水里如何会腐化到白骨的阶段呢？

首先，让我们了解一下一般尸体的腐化过程。尸体腐化的程序可分为七个阶段。这是一个非常笼统的分法，不同学者会有不同的分段方法，但尸体的变化特征却有迹可循。而这些特征在尸体上出现的速度会因四周环境因素的影响有所不同。以下为尸体腐化的七个阶段：

一、皮肤苍白样改变（pallor mortis）

二、尸斑（livor mortis）

三、尸冷（algor mortis）

四、尸僵（rigor mortis）

五、内组织腐化（putrefaction）

六、尸体腐化（decomposition）

七、骨化（skeletonization）

一般尸体腐化的变因及过程

由于腐化速度多变，研究其影响因素可以帮助执法人员尽快断定死者的死亡时间——从死者死亡的那一刻到尸体被发现的时间。而法医一般会接手处理的为前五个阶段，法医人类学家参与的主要是最后两个阶段。尸体腐化的多样性一般都是于第五及第六个阶段发生。其多样性及多变性往往令专业人士，例如执法人员、法医都有所却步。尸体腐化主要由"自我消解"（autolysis/self-digestion）及"内组织腐化"（putrefaction）两个过程组成。

接下来我们要讲解的时序都只是一个概论，尸体腐化的速度会因尸体的体形、环境因素、尸体是否有衣物覆盖等受到不同的影响。

第一周

尸体的颜色一般会由灰色慢慢变至绿色，而这种色变会先由髂窝开始。由于肠内的细菌在心跳停止后，会在酶的协助下自动将血红蛋白分解成硫化血红蛋白，从而使血液和血管呈绿色。

这些细菌会慢慢从肠辗转分布至整个腹腔及喉咙等部位。同时，它们与酶作用会产生气体，因此部分处于早期腐化阶段的尸体腹部会肿胀。腐化产生的汁液也会导致尸体脸部及颈部肿胀，有时候更会造成尸体狰狞吐舌及眼凸这些恐怖的画面。这些脸部变化都令执法机关甚至法医无法单靠样貌去辨识死者的身份。然后细菌会慢慢入侵尸体的血管，使血管渐渐变成绿色，这一过程会让尸体表面形成大理石纹理样。最后，尸体的表皮会慢慢剥落，继而使套取指纹变得困难。

数周内

尸体肿胀是因为尸体腐化时产生的气体所致，这可说是"早期腐化"及"严重腐化"的分界线。这是由于内组织腐化，平常需要氧气才能生存的细菌被厌氧菌取代。

由于细菌在尸体内发生的化学作用产生了大量的气体，这些气体造成的压力能把尸体体内的排泄物（即大小便）推出体外，亦会让一些体液通过不同的气孔排出体外。因为体液有可能混合着血液，因而让人们以为尸体在吐血。

尸体的绿色会慢慢变成深咖啡色，继而变黑。如前述因为组织腐化而产生的液体及气体会令尸体头部及颈部肿胀，令尸体身份辨认难上加难！这个时候如果单凭视觉判断，都会误判死者为体形庞大，但实际上那是因为腐化而产生气体造成的假象，令尸体犹如充了气的气球。这个时候，尸体已经成为一个独立生态系统，通过腐化的气味及软组织而吸引了丽蝇，它们会在带水分的器官及伤口处产卵，并同时为外界空气中的细菌打开通道，让它们进入尸体分一杯羹。

后期腐化

苍蝇幼虫，即尸虫，经过三次蜕变后，会变成苍蝇，这时它们就对这具尸体没有兴趣了，而此时的尸体反而会吸引其他动物及昆虫。被吸引动物到来的次序有一个大概的规律，但多半是由环境决定的。被吸引过来的动物不全是以尸体为目标，有些动物纯粹只想渔翁得利，在此捕捉其他昆虫或动物。

骨化

"骨化"是指尸体上的绝大部分软组织都已经跟骨头自然脱离。进入此阶段时，法医人类学家可以直接分析和研究骨头，当然这是最理想的情况，但现实是在同一具尸体上有可能会出现不同的腐化阶段，而尸体只有其中一部分达到了骨化的程度。最经典的情况通常是尸体的头颅已经完全骨化，四肢却已经木乃伊化，而背部已经"皂化"，即被称为"尸蜡"的物质包裹着。

尸体到底需要多长时间才能变成骨头，其实是一个比较复杂的推算。一般研究都指出，较炎热及潮湿的天气，能令尸体腐化速度加快，继而变成骨头的概率较高。另外一个考虑因素是尸体有没有被埋葬。有学术文献指出，如果尸体被埋葬于一个温暖的地方，抛开土壤类型、埋葬深度等因素，尸体仍有机会按照直接暴露在空气中的腐化速度变成骨头。在尸体变成骨头时，所有软组织（包括关节之间的软骨）都会腐化并分解，之后会出现"关节分离"的情况。关节分离的情况其实十分常见，特别是那些简单暴露在外的尸体。因此，就算找到一具完整的尸体，由于软组织已消失，每一块骨头都不是连接起来的。

换句话说，尸体腐化速度的快慢取决于周遭空气的温度及含氧量的高低。如果在一个潮湿而温度高的地方（假设环境组合如此），有不同的案例显示，尸体可以于两个星期内完全变成骨头，甚至有极端案例发生于极度潮湿的地方，各类昆虫都有机会接触尸体，尸体于三天内完全腐化为骨头。在正常情况下，一般需要 12~18 个月的时间让尸体腐化成依然带着肌腱的半骨化状态；经过 3~5 年，尸体则可变成"干净"的一整副骨头。但如果你以为按道理推论，雨量极多的地方腐化速度会相对快，那就错了。虽然雨量多的地方湿度也相对高，但同时雨水会冲走苍蝇的卵，间接地减慢了尸体腐化的速度。同样的道理亦能套用到风大及气候寒冷的地区。

影响水中腐化的因素

假设一个人死后被弃尸于水中，尸体会先由头至脚于12小时内僵硬起来，并会于弃尸后的24小时内再由脚到头回软。当尸体泡在水里，无疑减少了昆虫接触尸体的机会，但水里有自己的生态系统，有自己的"尸体狩猎者"。

2014年，加拿大研究团队利用猪的尸体做了一个有关尸体于水中腐化速度的研究。研究人员把三头猪的尸体绑上监测镜头，先后沉到水底。镜头拍摄了很多有趣的影像，其中不乏不同种类的水中生物，例如虾、龙虾、蟹的身影。因此，有时候，人们会于某水域或水源处找到只有一只脚的肢骸，这可以归咎于这些担任重要角色的水中尸体腐化系统。

水的温度也是影响尸体腐化速度的重要因素。按照相关学者的研究，尸体于暖水中会腐化得较冷水中快。所以，如果尸体于冰川附近被发现，其腐化速度一般跟在亚热带水域大不相同。除此之外，尸体被弃置在淡水水域还是咸水水域对其腐化的影响也极大。简单来说，淡水水域中的尸体会腐化得较快，咸水水域内的尸体，因为盐分会帮忙抽干它的水分，继而减慢它的腐化速度，因此能保存得较好。

而上述实验中的三头猪，其中以第三头被消耗的速度最慢，因为当把第三头猪放到水里时，该水域的氧含量比放置第一头及第二头时更低，因而间接影响到水下各类"宾客"的出席率，继而影响了这场"盛宴"的速度。

一般来说，在软组织接触水后，DNA就不好提取了，甚至因为浸于水中，一般通过指纹辨认身份的方法都未必有用，这也使辨识尸体身份的难度异常高。不过，如果尸体沉到海底深处，由于深海的氧气含量相对较低，因而能有效阻隔空气，达到保存骨头的效果。

简单来说，只要尸体处于水中，都会比暴露于空气中腐化得慢，这是由于水中的温度相对较低，水中含氧量不及空气中高，减少了昆虫及狩猎动物接触尸体的机会。如果水温较低，尸体的发胀程度也没有那么严重，这也能减慢内组织腐化的速度，继而令整副尸骨保存得比较完整。相反，在水温相对较高的情况下，尸体的手脚很容易发胀，尸体甚至会手脚分离，头发、指甲及皮肤表皮亦会脱落。

尸蜡木乃伊

当尸体被放于水中，它除了会依正常腐化的顺序化成白骨，更有机会被"尸蜡"包裹，继而得以保存。

尸蜡，可以说是尸体腐化过程的衍生品，是尸体（或人体）体内的脂肪通过"皂化"转化成的如肥皂般"滑溜溜"的物质。再说得具体一些，尸蜡是尸体在一个温暖、湿润、碱性的环境中，脂肪接触厌氧性细菌继而发生化学反应产生的。这种特定的环境不是泥土里就是水里。至于这两种环境中各有效成分的比例，甚至到底是什么诱发皂化作用，目前科学家仍在研究。尸蜡在形成时偏软，颜色比较灰而且感觉起来油油的。随着时间的推移，尸蜡会干硬起来，并且比较脆，容易有裂痕。皂化作用产生的尸蜡会完整地包裹着尸体，把尸体变成肥皂做的木乃伊。这时，由于尸蜡隔绝了空气等加速尸体腐化的条件，因此能够完整保存尸体。

历史上比较有名的两具尸蜡木乃伊是肥皂夫人（Soap Lady）及肥皂先生（Soap Man），其中肥皂夫人最为大众所熟知。据说，当初是由于有水涌进肥皂夫人的棺木里，就催生了皂化作用。20世纪80年代后期，研究人员利用X光推断出肥皂夫人死时为20多岁，而从X光片上看到的一些衣饰和纽扣提示，她曾生活于19世纪30年代。她现在在美国宾夕法尼亚州的穆特博物馆（Mütter Museum）内展出。

沉船事件中的罹难尸体

说到海难，许多人都会联想到"泰坦尼克号"事件。"You jump, I jump."（你跳我就跳。）为1997年的电影《泰坦尼克号》中的金句之一。就算没有看过这部电影，你都必定曾被它的主题曲《我心永恒》（*My Heart Will Go On*）"洗脑"。2012年刚好是现实版的泰坦尼克号沉船的一百年。1912年，载着超过2200人的泰坦尼克号撞上冰山，船上约1500名乘客及船员连同船身一同沉到海底，只有700名生还者。

但你有没有想过那1500名罹难者的尸体到哪儿去了？

不是所有罹难者的遗体都沉入了海底。1500名罹难者，到底有多少沉到海底去了？其中又有多少人穿上了救生衣，在海面漂浮十多分钟后死于"低温症"？又有多少人因为船身撞击冰山沉没时，被掉下的碎片击中受伤失救而死亡？说实话，我们永远都不可能知道确切的数字。

还有，约340具尸体在船骸里被发掘出来。那就是说，依然有1160具尸体自沉船后便没有再出现，但这不等于它们都在海底。了解当时泰坦尼克号的尸体搜索过程可能会给我们一些启发。

首先，第一艘搜索船麦凯·贝内特号（Mackay Bennett）于沉船意外发生后的第三日从加拿大新斯科舍出发，于意外发生后一星期才到达沉船发生地点。当搜索船到达的时候，虽说海水有助于减慢尸体腐化，不过也只限于浸在海水中的部分。至于暴露于空气中的部分，依然是按照平常的速度腐化，而且有很多鸟类帮忙加速"处理"这些漂浮于海面的"粮食"。毕竟，这是一片汪洋大海。这一次搜索的大部分尸体都依然"整齐",没有过于零散分落,这算是一件幸事。麦凯·贝内特号搜到306具尸体,另外两艘搜索船则搜到20具尸体。一个月后,一艘船在离沉船位置约321公里处发现一艘载着另外三具尸体的小船。

关于搜索到的尸体如何处理,他们把那些面目全非,觉得不能辨认的166具尸体以布料包裹后,绑上铁块,送回海底。剩下的几百具尸体,他们于搜索船上为尸体进行防腐处理,处理好后放到棺材里面。在加拿大负责处理这些尸体的是约翰·斯诺殡仪馆(John Snow Funeral Home),他们用了当时一个溜冰场作为临时殡仪馆,最后有150名死者在没有被确认身份的情况下,直接入土为安。

当然,如在电影中看到的,某些居于下层船舱的乘客可能因为来不及逃离而被困在船里面。可是,沉船后,有大量的氧气通过水流带入,因此尸体依然会腐化,而且前文提及的深海猎食动物群会慢慢吃掉尸体。如果有船员于沉船时被困在引擎室,他们的尸体就有机会保存完好,不会腐化,虽然电影中的专业指导及顾问都先后强调他检视了船骸超过30次,从没看见过尸骸。不过,因为遇难者都死于海洋里,相信我们依然会陆续找到一些相关的对象甚至骸骨，这就要看大海打算什么时候把泰坦尼克号余下的部分送到我们手里了。

回到本章开始的"鬼船"事件，虽然在骸骨周边找到的物品提示木船及船上的人有可能来自朝鲜，但人们依然没有查出导致该事件发生的原因。有人猜测是因为渔船设备相对简陋，渔民于海上遇到任何事故，哪怕只是缺粮，都只能等待救援，最后可能因此失救而死。

"鬼船"一词为整件事添上了几分神秘的色彩。但现实是，人们在弃船甚至沉船里发现骸骨已不是什么新鲜事了，前几年韩国的"世越号"便是其中一个例子。世越号于2014年年中在韩国西南部水域沉没，造成304人死亡，当中有5名罹难者的遗体至今仍未寻获。在2014年11月底，未寻获遗体的家属最后决定为罹难者举行悼念仪式。同一周内，遗体搜索队被曝光隐瞒找到罹难者遗体的事实。而早前找到的沉船船骸中，更疑似有还没有完全腐化的尸骸。（正如前文提到的，尸体被弃置在淡水水域还是咸水水域对腐化的影响极大，世越号沉于咸水水域，因此有盐分帮忙抽干尸体中的水分，继而减慢了尸体的腐化速度，因此与在淡水中的尸体相比保存得较好。）

得不到答案，未知生死，对存活于世的亲人来说是一种精神上的折磨。

"世越号海难"一事不知不觉已经过了许多年。但关于打捞时的丑闻依然不断被曝光，搜索队疑似因想早日结束工作而隐瞒找到遗骨的做法非常不专业，家属等待了接近2000天的时间，只希望能得到一个确定的答案。有些人会觉得"人都死了，有没有答案也无所谓吧"，但在很多战后及曾经出现种族灭绝、屠杀等的地区，许多大屠杀生还者及家属在接受访谈时，都认为得到确切的答案是一个里程碑，代表生者可以开始怀念、哀悼自己的亲人，并努力走下去。即使答案不尽如人意，也至少能把他们心中那空洞的一块填满一点。

第 七 章

颅骨长"角"的
外星人？

2018 年 6 月中下旬，一段关于秘鲁发现疑似外星生物"三指木乃伊"的视频于网络上流传，我也收到了很多朋友及读者转发的视频，似乎大家都很想知道到底这个"惊世大发现"是否为事实。

　　大家执着的焦点在于：此木乃伊只有三根手指、三根脚趾，且长度都跟我们人类不一样。另外一个论点是，此木乃伊头的长度比一般人类要长，头骨上有大眼睛，却没有耳孔及鼻孔。如果大家看过原本的"调查视频"就会发现，专家说从 X 光片来看，这个木乃伊缺了下颌，在世时不能像我们人类一样咀嚼。这听起来好像理据很充分，但在我观看了所有与调查有关的视频后，我认为所谓的"发现"其实疑点重重。

在原本的"调查视频"当中，一名影像学专家指出从头骨的 X 光片来看，头骨上没有"缝线"的痕迹，证明这个头骨不是伪造的，而头骨的长度跟我们平常人类的头骨长度差别很大，绝对不是人类拥有的"特征"。

重塑头骨文化

如果读者朋友们听过我在不同场合的讲座或分享，都会发现我总是拿着秘鲁一些有关重塑头骨的考古发现，来解释人类学在分析不同地域的骸骨发现方面的重要性。说实话，视频中所谓的"长头骨"其实源于前哥伦布时期[①]的一些文化习俗。当时的风俗流行把头骨进行重塑，以符合逝者的审美观及社会地位等。此举其实与古埃及的风俗很像。而一般在谷歌搜索关键词如 "alien skull"（外星人头骨）或 "human-hybrid skull"（混血头骨），得出的长头骨多半都来自前哥伦布时期的"帕拉卡斯文化"（Paracas

---

① 前哥伦布时期指哥伦布与其他欧洲人抵达美洲大陆之前及到达早期，此时的北美洲、南美洲及中美洲原住民未明显受到欧洲文化的影响。

culture）①。这个古老的历史文化风俗突然被我们后世"认知"及误解，全归功于 2008 年的电影《夺宝奇兵 4：水晶骷髅国》里面的水晶骷髅头。

人的头骨是一个很特别的部分，在成长后会变得坚硬。但为了顺利通过妈妈的产道，且为了有助于出生后继续发育成长，婴儿出生时的头骨都比较软，头骨还没有长在一起。也就是说，外界的力量可以改变婴儿出生后头骨的形状。而曾几何时，改变婴儿的头骨形状是一个潮流。古希腊的医学家希波克拉底于公元前 400 年在其著作中写道，意图重塑婴儿头骨形状是社会地位的象征。而在秘鲁及埃及，人们都相继找到了类似做法的证据。

重塑婴儿头骨形状必须在婴儿出生后的 12 个月之内完成。这段时间婴儿的头骨还非常软，长辈们可以用各种板、绷带甚至定期进行头部按摩去控制头骨生长的幅度。在美国原住民时代，塑造头骨形状是精英们的标志。同样在 19 世纪的北美，平坦的额头代表着自由，而圆一点的额头会被轻视。从文化角度来看，塑造头骨形状似乎代表着一个"未完成

---

① 帕拉卡斯文化是以帕拉卡斯半岛为中心的文化，位于今秘鲁南部伊卡省附近。

的自己"——这也是新生儿的头骨必须进行改善和加强的信念来源。

其实我们小时候可能都在不知不觉中"被塑造"了！记得小时候我们经常被平躺着放置在床上睡觉吗？20年之前，一些西方国家的医学人员都建议这个做法，目的是防止及减少婴儿睡眠时发生窒息。因睡眠窒息而死的婴儿数量的确减少了，但扁头综合征 / 斜头畸形的数量却增加了。有些机构更见到商机，设计了能塑造头形的头盔。

头骨塑形跟植入物都可以看成是一种艺术，有人觉得美，亦有人觉得很恶心。电影《夺宝奇兵 4：水晶骷髅国》中的水晶骷髅头，是按照古秘鲁时期的头颅塑形概念衍生而成的。所以，人类学中有一个分支专门研究头颅的象征意义，而当中有学者从神经外科角度切入，特别研究了一种罕见病理症状——"囟门早闭"会令头颅形状改变。这个症状主要是由于婴儿的头骨缝提早闭合了（一般要在 1 岁后才开始闭合），而脑部还在生长，造成颅内压上升，继而影响小孩脑部的发育及各种生活能力。科学研究后来提出了几个方案去处理这种病症，研发了不同的植入物，希望可以改善患者的情况及头骨的外观，重要的是帮助患者的生活重回正轨。研究头骨状况、各个社会独有的文化及病理现象，都对法医人类学家在辨认身份时有很大的帮助。

数百年来的人体"改造"

历史上因为追求当代价值观的"美"而改变身体外观的例子很多，譬如中国的"三寸金莲"、19世纪欧洲的马甲束腰，以及到今天都可以在泰国北部清迈的湄宏顺镇找到的长颈族。

长颈族的族民是由喀伦族的一支巴东族所组成的。外界对他们的评价或认知通常只是表面上的"有着奇特的审美观"，而看不见这个族群背后的历史、政治及社会问题。他们的这个村落甚至曾被西方媒体称为"人类动物园"。到现在为止，相关文化研究或对族民骨骼的研究少之又少，所谓的研究多半只是一些写给游人看的文章。

在有限的文献里，记录着长颈族的女性从很小开始就要在脖子上套上黄铜颈圈，约重达1.6千克。此后，女性族民约每四年会加圈一次，在青春期完结之前铜颈圈会加到5千克。若以45岁计，一位女性族民一生中要换约9

次颈圈。此时，颈圈重达 13~15 千克，有 32 圈。有人以为每次加圈只是另外再加上新的铜圈，其实不然，加圈是要把整个颈部的铜圈换掉。这么重的铜颈圈看起来会把颈部"拉"长，但这其实只是错觉。研究者从 X 光片中得知，颈部变长其实是因为金属圈的重量把两边的锁骨都向下压了，所以后来的颈圈都是架于肋骨上。与此同时，颈圈亦令下颌骨永远提高，影响上下颌生长、脸部生长及比例等。所以，有研究表明，他们的脸长度亦比较短，影响了牙齿咬合等口腔状况。

2015 年，美国洛杉矶一名叫悉尼（Sydney）的女士爱上了这个戴颈圈的习惯。她的脖子已经被拉长了 12.7 厘米，共戴了 16 个颈圈。但因为头不能自由转动，她在开车及停车时产生了问题。另外，戴颈圈也改变了她的饮食习惯。虽然医生不停劝告她要停止戴颈圈，但她不愿意。有学者曾以结构性暴力框架的模式探讨戴颈圈、裹小脚及穿马甲束腰等文化现象。研究从生物考古学角度切入，以骸骨去分析这些加在女性身上的社会标准，反映了当下社会意义及政治结构。最后，悉尼在 2018 年舍弃了这个戴颈圈的习惯，开始踏上了复健之路。根据最后的访问记录，她的主治医生也表示，只要通过复健，悉尼的颈部肌肉可以恢复到健康水平，对她之后的生活都不会造成太大的影响。

打着"美"的旗号对身体做一些改变，并不一定是全部的原因。在英国曾找到一副19世纪英国男子的骸骨，他身上亦有穿过马甲的痕迹。要知道，在18—19世纪，英国社会随着工业革命开始日渐繁荣。工业革命更成为分水岭，随着工业的发展，经济也在好转，可是这并没有让当时的卫生环境得到改善，其中的一些影响都默默地被刻写在骨头上。因为城市居住人口突然变多，传染病容易散播，其中以肺结核肆虐最为严重。

在19世纪，肺结核夺取了当时英国三分之一人口的性命。肺结核主要攻击肺部，但亦可以通过血液扩散到骨头上，特别是脊椎。一来是由于脊椎比较接近肺部，二来是肺结核的病源迷恋制造血细胞的组织，而该组织就在脊骨。肺结核可以造成"脊椎骨塌陷"，亦称为"脊柱结核性病"或"波特病"（Pott's disease）。而这具英国男子的骸骨就显示出这个病的症状，按照当时的做法，很多骨科医生都会让病患穿起马甲以改善身姿。当然，本来穿马甲就反映了满足社会对体态要求的观念：女的要腰细，凸显胸部及臀部线条，而男的则要凸显宽阔的肩膀及细腰。

从古代骸骨一探现代疾病的起源

从古病理学研究来说，对考古出土的人骨的病理分析、创伤分析及压力痕迹改变研究是非常重要的，它们都是探索现代疾病起源及演变的重要线索。同样，因为是考古出土的"文物"，能用的多半都是骸骨，幸运一点的可以是木乃伊。所有的点点滴滴都反映并提供了探索古代生活方式、环境、健康等信息的线索。骨头的创伤亦展示了古代的风俗习惯、政治等真实的生活细节。一个人的一生能够在骨头中留下永不磨灭的痕迹，体质人类学家及生物考古学家致力于此项研究，希望能从骨头中找出线索，这些关于先人的线索不仅限于饮食及病症，而且可以是一个人每天日常生活甚至是职业留下的痕迹。

举个例子，我们两条前臂骨的尺骨的大小，会与投掷东西的频率有关。以生物考古学的角度来考察，我们经常可以看到以前通过掷矛猎食的猎人前臂骨头上与肌肉的结合点都会比较明显而且突出，这足以证明他们该处的肌肉比较发达。反之，如果放在现代人身上，这种情况多见于棒球投手。这是因为在桡骨上的旋后肌嵴过度发育，这个部分过分发达就代表肌肉比平常人健硕。按照解剖学中的"沃尔夫定律"，骨会适应所在部位需承受的负荷，如果负荷适当增加，骨骼也会慢慢变强壮以承受相应的重量。这定律不但适用于骨头，而且适用于肌肉。因而可以据此推断骸骨主人的活动习惯甚至职业。

又如，若在小腿胫骨近脚跟的末端、盆骨及膝盖有与其他骨头不寻常的接触面，代表这具骸骨的主人经常蹲着。这些都只是人们生前的各种特征在骨骼上的种种表现，而美国法医人类学家肯尼思·A. R. 肯尼迪（Kenneth A. R. Kennedy）研究制定出一份清单，列出了共 140 个因为工作或日常活动在骸骨上留下的不同痕迹。这些都是可以协助考古学家重组几千年前的人的生活习惯，同时也帮助现今法医人类学家鉴定身份的好工具。

如果你问我，我们的子孙以后会在我们的骸骨上找到这个时代留下的什么线索。我觉得在若干年后，我们的后代可能会发现：属于这个年代人类的骸骨的颈椎都有过度磨损的痕迹，或俗称"低头族"的骸骨特点。"低头族"的脖子因为长期承受着头的重量[①]，造成提早虚耗、骨头磨损，甚至需要以手术进行干预或治疗。有医护人员说过，你每低头约2.5厘米，给背脊的压力就是双倍！以低头的角度来算，低头约60度的重量为27千克（约等于一个八九岁小孩的体重）。你能想象每天放一个27千克的小孩在你的脖子上至少几个小时，会是什么后果吗？

使头骨长角的现代文明病

说到有关我们这一代因为生活习惯在骨头上留下的痕迹，2019年6月有一篇"有趣"的新闻，报道了有关"颅骨因为长期用电话的关系而长出了一只角"的故事。在看到报道后，我立刻追踪来源——BBC（英国广播公司）在2019年6月13日发表了一篇"深入报道"指出：在过去数十年，解剖学家、医生及人类学家在人的骨头上发现一些变化。其中引述了刊登于《自然》旗下的《自然报告》期刊中由两名澳大利亚学者戴维·沙哈里（David Shahar）

---

① 人体的头部重量约为体重的 1/10。

及马克·塞耶斯（Mark Sayers）发表的研究报告，而这份
报告是他们在 2016 年于学术期刊《解剖学杂志》（*Journal
of Anatomy*）上发表文章的延伸。

在发表的文章中，他们指出共检查了 1200 名年龄为
8~86 岁人士的 X 光片。他们的 X 光片都是在同一诊所里面拍
的，而当中更有一些人是因为颈椎疼痛前往就医的。利用
这些 X 光片，沙哈里和塞耶斯两位研究人员测量了位于枕
骨底部附近的"枕外隆凸"。枕外隆凸顾名思义是枕骨外接
近底部中间的一个凸起点，协助固定项韧带的顶部，而这
条韧带会一直延伸到第七颈椎即最后一块颈椎的位置，让
颈部更加灵活。在解剖学上，任何一块肌肉、肌腱及韧带
与骨头连结的点都被称为"肌腱端"。因此，这些位置的骨
头大小会根据周遭的肌肉及骨骼的发达程度，甚至因为病
理及创伤而有所不同。

这两位澳大利亚学者在 2018 年的报告中指出，性别
是推断枕外隆凸大小最重要的依据。报告中他们表示：按
照统计，发达的枕外隆凸出现在男性身上的概率比女性高
出 5 倍之多。这个发现在终日与人骨为伴的生物考古学家、
法医人类学家及古病理学家看来完全合理。事实上，枕外

隆凸一直都是被这些专家用来做性别推断的一个指标。从过往的研究可以看出，枕外隆凸多出现在男性标本上，主要是因为两性肌肉的发达程度有差别。

不过，此研究让枕外隆凸看来有了"新的意义"。研究推断，使用现代科技产品，特别是智能手机等，影响了我们的姿势，使颅骨上出现了一些特征，如枕外隆凸过分发达甚至开始损耗。这份研究的推论及分析衍生了如《华盛顿邮报》上"年轻人的头骨上长出角！研究认为，应该归咎于使用手机"这种令人类学家哭笑不得甚至非常愤怒的标题。

枕外隆凸的大小，甚至凸起的程度，可以受基因、创伤等影响。当然，从另一个角度可以解释为长时间低头增加了肌肉的压力，继而使枕外隆凸变得比较发达。但是，另外一个重点是枕外隆凸的大小甚至发达程度，很多时候都会受年龄的影响。换句话说，随着年龄增长，枕外隆凸也有可能越来越发达，因此简单估计年龄的范围比观察肌肉是否长期受压来得更有效。至于要去研究青年人及小孩是否有枕外隆凸发达的风险，必须另外设计研究个别年龄层的实验。但以目前两位澳大利亚学者的这个研究来看，此结论依然言之过早。

我们人类的头颅其实真的挺重的。但随着文明发展及社会演变，人们一直保持着低头工作学习的习惯——现在是因为手机，以前是因为书本。无论是用手机还是低头看书，对颈椎来说都有一定的负担，而这些因素都会导致颈椎骨质增生甚至颈椎关节炎等情况的发生。因此，与其担心因为用手机而让小孩"后脑勺"长角，倒不如想想自己平常的生活习惯有没有"用颈过度"。如果有，时常放松一下，或者躺下让肌肉放松吧！

三指木乃伊的谜底

回到本章开头提及的三指木乃伊，视频中提到这具木乃伊的样本被送到相关部门鉴定。这具木乃伊形成的时间恰巧横跨纳斯卡文化（Nazca culture，约从公元前 300 年至公元 700 年）[①] 的全盛时期，视频中的专家却没有将它的特征与当时的秘鲁纳斯卡地区的文化进行对比，而不停

---

① 纳斯卡文化为出现在秘鲁纳斯卡地区的古文化，以纳斯卡线而闻名于世。

重复说着此木乃伊不是人类，这也令我大惑不解。

在周星驰的电影《鹿鼎记》里面，司仪一而再、再而三地说，解剖所谓的"天外飞仙"，目的是吸引更多人去看。而"三只手指"这个论点于调查视频里也不断被提及，目的是希望大家都记住这骸骨有着非同寻常的数量及长度的手指、脚趾。

由于视频中没有展示这具木乃伊手部的 X 光片，我先暂不评论这具木乃伊的手。不过，在发现这具木乃伊前几个月，有关人员在秘鲁的一条沙漠隧道里发现了一只同样有三根手指的手。这只手的手指每只约长 20 厘米，指尖有指甲。秘鲁当地专家研究后发现这其实是人为造成的——从 X 光片上可看到，除了从指尖开始数起的三节外，其他指节的骨头都不是按照平常的解剖体位排列的，这一只手里至少还有另外两根手指的骨头，其中一个说法是原来的另外两只手指重新排位，造成三只长手指的效果。

除了以上疑点，有人可能会觉得木乃伊上的白色"粉漆"很奇怪。这其实是树脂的一种，在制作木乃伊时能够帮助其脱水，由于当地独有的气候，因此看上去是白色的。利用树脂制作木乃伊也可见于古埃及。如果你看原本调查单位发布的视频，可能会半信半疑。他们于暑假举办了一个有关木乃伊的学术会议并发表了他们的研究及调查结果。最后，大会并未承认他们所谓研究的可信度，并说木乃伊研究是一门科学，其中没有任何伪科学存在的空间。当中的可疑之处不止这几点，如你有兴趣，可以上 Gaia 网站观看原本的调查视频——*Unearthing Nazca*。

最后，这具木乃伊的 DNA 报告于 2018 年 9 月底发表，答案是——它是人类！

第 八 章

珍珠港的余音

遗忘死者犹如二度杀死他们。

——埃利·威塞尔《夜》

（Elie Wiesel，*La Nuit*）

在二战后的若干年，一具具阵亡于美国马里亚纳群岛的日军骸骨相继被送回日本安葬。可是，超过一半送回日本的遗骨是没有头部的。经过追查，人们发现这些消失的头颅是被当时负责杀害他们的美军割下，作为战利品。在割下他们的头颅之后，美军会拿这些头颅去煲煮，以去掉软组织，留下干净的头骨。这些战利品并不只是用来自己欣赏，有些士兵把这些头骨邮寄给自己心爱的人，有些士兵更会用头骨装饰军营，甚至做成指示牌。最终，美军禁止这些"战利品"离开军营。根据《日内瓦公约》^①的规定，这些行为已经触犯了法律。话虽如此，这种行为依然贯穿了整个二战时期。

割下敌军阵亡士兵的整个头部作为纪念品，主要是因为美国许多人当时觉得日本人与他们相比，可能是次一等的人种。当时的美国媒体会以"黄种人"称呼日本人，并觉得日本人不及美国人聪明。最后，由于珍珠港事件，美国的反日情绪更为严重。

在二战时，或许美国从头到尾都没有打算参与战争，直到日军偷袭珍珠港。而此事件更让美国人觉得日本人是彻头彻尾的恶魔。更因为这些内在的偏见，当时参与战争的美国人都以为国复仇的心态去处理甚至铲除日本士兵。所以在美国士兵看来，割下敌军的头颅作为纪念品也没什么不妥。以头颅作为纪念品屡见不鲜，甚至是士兵们较为喜爱的做法，战死日军的其他身体部位也未能幸免，手臂骨、牙齿、耳朵及鼻子等都是常被取用的"材料"，加工后

---

① 《日内瓦公约》为 1949 年在日内瓦由全球多国共同签署，为国际人道法的基础，规定了战争时期，伤兵、海上伤病员及船难者、战俘、平民应享有的各种人道待遇及保障。

制成首饰及烟灰缸等摆设。

在珍珠港事件及世界大战白热化的时候，美国的代表曾经用日军士兵的手臂骨制成拆信刀送给罗斯福总统。这份礼物点燃了日本的一股反美情绪。罗斯福总统最后下令必须将这块骨头送回日本妥善安葬，这场风波才正式平息。而战争过后，部分头颅纪念品及相关的制成品都相继被送回日本。直到最近 10 年，这些头颅与其主人终于合体，而战死的亡魂也差不多可以全部安息了。

南美洲的缩头术文化

如果大家参观过欧洲的部分博物馆，或许有机会发现一些"炭黑色的展品"，这是来自南美的缩头术制成品的代表。参观者都禁不住赞叹，也有人觉得惊奇，甚至有人会问：这些到底是不是真的人头。英国一家博物馆亦有此疑惑，因此，这家博物馆于 2016 年把其中一个展品拿去做 DNA 测试。"缩头术"流传于世界的许多地方，但实际上到目前为止，只在南美洲亚马孙盆地地区找到了相关的实物证据。

　　居住于南美洲厄瓜多尔境内的舒阿尔族（Shuar Tribe）原住民的缩头术风俗，一般都被西方国家视为不文明的暴力行为。其实缩头文化源于当地居民对于灵魂的信仰，他们相信一个人被杀后，他的灵魂会被困在脑袋里。舒阿尔族基金会（Shuar Federation）前主席费利佩·岑库什（Felipe Tsenkush）指出，他们在 20 世纪 60 年代正式废除了制作缩头的部落制度。但他说缩头术是舒阿尔族独有的文化，具有胜利、权力及骄傲的象征意义。他又指出，有时候这些头颅是来自决斗或战争中砍下来的敌人的人头，因此缩头术的做法亦有实际用途——舒阿尔族人认为如此能把敌人的灵魂封印，确保家人安全。

　　这些以缩头术处理过的头颅在舒阿尔语中名为"tsantsa"。战士们相信用仪式处理过的头颅能够让亡者的灵魂被封于头颅中，防止它们因为自己的死亡进行报复，同时也将亡者的能量全转移到杀死他的人体内。要制作一个"tsantsa"大约需要下面三个步骤。

拆骨

　　战事结束，收集好敌方的头颅后，首先要把头骨取出。于尸体的颈背后、双耳的底部弄一个切口，掀起这块皮肤，慢慢将皮从颈部向头顶再向脸部拉扯，将头颅与皮分离。头骨与皮肉分离后，头骨便会被丢掉。然后，用利器（如刀片或木片）把具有面部特征的肉、耳朵及鼻子的软骨去掉。再把眼皮缝上，这样做是防止亡者灵魂用眼睛注视别人。再把双唇缝上，这样做是防止亡者报复。按照目击者的说法，这一过程最快可以于15分钟内完成。

炖

在这一步中，以特制器皿取水煮沸后，把去骨缝制好的头皮放到器皿里炖煮一至两个小时。取出时，头皮会比下水前缩小一些。将头皮内外翻转，把头皮内部剩下的肌肉、软骨及脂肪去掉，再把颈背的切口缝起。

后期加工

现在应该只剩下原本头部跟颈部的连结处未处理了。此时，把热沙及热石块从这个切口倒入头颅内。加入热沙石时必须不停把头转换方向，以防止沙石重量过重，过分拉扯头皮使其变形。当头部皮肤缩小到放不下石头时，就倒入热沙，直到最后将头皮撑起，热石就会加强脸部特征，再将头皮风干。整个过程需要六七天。

制作完"tsantsa"后，部落里会举行一次庆祝盛宴。在这一切结束后，缩头术的制成品已经完成任务，很多时候都会被丢到河里、森林里，甚至给小孩做玩具。对这些战士来说，重要的是制作过程而不是制成品。而制作缩头的人一般都是祭司，制成品的对象一般是男性，这是因为以前上战场的部落成员是以男性为主的。不过，这不是2016年英国博物馆得到的鉴定答案。被送去做DNA化验的"tsantsa"最后鉴定出的性别为女性。博物馆给出的解释是，这本来是一个祭司的头，由于她被邀请去为一个小孩治病，最后却失败了，小孩的父亲就把她杀掉了。但为何事件的真相跟记录的差那么多？

在19世纪到20世纪，欧洲的探险家对南美洲族群的风俗感到异常好奇。他们把这些头颅搜集后拿到欧洲，一方面是作为贸易之用，一方面说是搜集来作为"不文明行为"的证据。由于需求量很大，当地人愿意用这些缩头标本跟欧洲人交换武器（如枪）。后来，部分制成品是用猴子、山羊的头来仿制的，又或是专门去杀害某些人再制作的。这种商业行为失去了缩头术原本的宗教及文化意义，反而连累了很多无辜的性命，令南美洲部分家庭的成员与家人世代分离。英国艺术家特德·德万（Ted Dewan）因此特意写信给牛津大学的皮特·里弗斯博物馆（Pitt Rivers Museum），说愿意把自己的头部捐出来做缩头术的展品，希望博物馆把现有的缩头术馆藏全数归还给南美洲相关地区及其家人。

从偷尸贼到黑市骨头买卖

对亡者的肉体进行交易或用于学习研究并不是新鲜事。因为科学不停发展，尸体的运用方式于过去 400 年来有了长足的进步。回溯到 16 世纪，医学的作用是简单了解人体到底如何运作。文艺复兴时期的医学家安德烈·维萨里（Andreas Vesalius）非常不满学生们通过解剖狗来学习人体的结构，后来人们因为理解了动物及人体结构的区别，开始认真以人体来学习解剖学，从而衍生了从墓地里偷取犯人尸体作为教学素材的恶习。

因此在1832年前，使用被处决的死囚尸体是唯一一个合法获取尸体作为解剖之用的途径。但是，这种情况使尸体永远供不应求，所以有不良商人看中此商机，"偷尸"这个行业就开始在黑市崛起。偷尸贼们都只看准刚下葬、"新鲜"的尸体去偷。把尸体偷到手后，就通过医学院进行幕后交易。这些偷尸贼被冠上一个称号——"Resurrection Men"（复活人）。

由于教学上对尸体的需求量急剧增加，在供应缺乏的情况下，"盗墓者"偷尸后以极高的价钱将尸体卖给医学院牟利，甚至为此特地去杀人！两位19世纪的苏格兰商人，一共杀了16人，并把他们的尸体卖给当地的一位教授。之后陆续开始有捐赠遗体这种无私的行为，这才令18—19世纪发展起来的"偷尸行业"成为绝响。

印度曾经是人体遗骸合法贩卖的主要来源地，尤其是骨头。自19世纪中叶开始，印度已经建立了完善的骸骨贸易渠道，光是骸骨买卖已经有既定途径——从偏远的印度村落辗转运送到世界顶级的医学院。骸骨不是一种容易得到的教学资源，因为现在几乎世界各国的政策都要求人离世后被极速并妥善安葬，而捐赠给科学研究的遗体，经常都被送到医学院的解剖实验室。这些遗体的骨头都会按照教授的指示，被分割成小件，并在完成"无言老师"的任务后被火化。

因此，现今很多西方国家用作医学研究的骸骨都来自海外，有时候，这些骨头的使用甚至没有得到其主人生前的同意，并触犯了其所在国家的法律。1985年，印度政府立法全面禁止人体器官出口，使整个骸骨供应链崩溃，即使西方国家转向东欧各国及其他国家"求救"，依然难以满足需求。

今天，此法已经实施30多年了，但是骨头买卖其实从未停止。黑市供货商仍活跃在孟加拉国西部，以"正宗古法"——盗墓偷尸的方式，为买家提供人体骸骨！1851年《波士顿医疗暨手术期刊》刊登了一篇文章，作者查尔斯·诺尔顿（Charles Knowlton）赞扬这种以盗墓方式得到骨头的交易，认为盗墓的风险与从尸体上研究人体结构的益处相比，后者明显胜出，他说这种对知识的渴望是医学进步的动力。就算在今天，按照调查所得，在印度坟墓挖掘新鲜尸体的费用也只需要1000卢比（大约25美元）。

2015 年的万圣节，一家位于英国伦敦的酒吧就以人的头骨作为店里万圣节特色饮料的酒杯。2017 年有新闻报道，在一个印度小村落内，警方发现了 365 块人骨，这些人骨经过双氧水处理后，会被转售给医生及医学院。警方相信这些骨头都是来自河流中腐化的尸体，认为有人把尸体打捞起来进行处理后，经黑市转售。乍听上去，骨头买卖对我们来说较为陌生，但其实，发达国家的医学生通常都会以数百美元购买相关的医学书籍甚至一小盒人骨标本。这些标本很多就是来自非法买卖的骸骨。在印度，由于宗教或社会文化的原因，尸体都会被放到水上任其自由腐化，恒河就是放尸地之一。这些已经被家属送走的尸体是否就可以任意用于其他用途了呢？目前的法律只规定了禁止销售人体遗骸及器官以作移植用途，却没说明购买这些尸体是犯法的。

每一具遗骨都象征着一段生命历程

还有利用尸体或人体标本为大众提供解剖学知识及人体结构的展览，例如 "BODIES：The Exhibition" 就是此类展览的鼻祖，所有展出都强调这些尸体为欧美国家的人们自愿捐出用以展览，所有的遗体都有文件证明。而此展览的发起人为德国医生京特·冯·哈根斯（Gunther von Hagens），他也是"尸体塑化技术"的"始创人"。这位德国医生再三强调："我没有使用任何政治罪犯、精神病患者或任何无人认领的遗体做展示用！"可是，有证据显示，有些医学院为他提供无人认领的遗体，他将尸体进行塑料化处理后就卖给当地的大学。

　　在苏联解体之前，这位德国医生在苏联已经有不合法使用遗体的记录。而2001年，海关人员检获56具遗体及上百个脑部标本，这些遗体标本运送的目的地就是这位医生位于德国的实验室。这些标本最终追溯到俄罗斯的一位法医，这位法医当时已被检方控诉贩卖路宿者、犯人及医院病人的遗体。但是德国医生却表示他展览的每具遗体都有正式文件，能证明它们可以用作"教学及公开展示"。当这个展览巡回到英国时，提倡人道主义的组织再一次表示这些展品都是来自被处决的政治罪犯。后来有法医研究并得出结论：这些遗体上并没有被虐待过的痕迹。而讽刺的是，至少有7具他声称有正式文件的遗体，在抵达他的实验室后因为头上有弹孔而要被"遣返"。

　　而问题的焦点集中于需要有文件证明这些遗体的来源及已预先得到他们的同意以作展示用途，偏偏承办商就是拿不出文件来。在美国举办的一场展览更曾聘请第三方去验证展览组织者提供的死亡证明及同意书是否一致——这一切都是为了证明任何有关尸体的用途都必须尊重捐赠遗体的人及其家属的意愿。捐赠用于什么用途都好，都是无私奉献。即便这个展览的目的就是向大众展示人体结构，让他们了解人体的奥妙之处并面对自己的死亡，前提也必须是要解决我们到底如何看待研究及公开展示人体标本这回事。

　　美国原住民经过多年抗争，于1990年终于争取到美国政府制定一个法律监管的程序，将他们祖先的骸骨、殡仪用品及相关文物慢慢送回原住民的保护自治区。截至2017年，共有超过5.7万件骸骨及逾100万件陪葬品已被送回原住民手上。一名在博物馆馆藏室工作的专家写道，曾经有美国原住民到馆藏室参观，并示意职员把馆藏室的灯关掉。当时同行的长老随即燃起了一束鼠尾草，让鼠尾草带有甜味的烟净化空气，同时吟唱着歌曲。长老后来说，他有责任令祖先们知道后辈们依然关心及记得他们仍然在异乡。因为，对这些民族、部落来说，这些馆藏品不单只是骨头那么简单，而是族群中曾经的一分子、祖先及家人，他们没有因为已经离世而被后辈们忘记。

将位于异国的骸骨交还给他们原本属于的地方，是博物馆界甚至人类学界这几年的重点项目。美国原住民曾表示他们不反对科学，他们不满意的是在没有得到认同的情况下，有人以科学的名义偷取了他们祖先的遗体，漠视他们的民族文化。藏于世界各地属于不同原住民文化的展品及骸骨，都代表着过往对原住民文化及原住民本身的不尊重、压榨、欺压及不人道。入侵者抵达一个新的地方时，把眼前所有的一切都视为新发现，视为"不文明"的证据，甚至讹称这些是古人类。

骨头对世界各地不同文化的族群、种族而言，都是可以引发人们去感受、去行动、去诱发记忆的重要象征。骨头的形象在各地区文化中所扮演的具有不同功能的历史角色，对不同的族群及人类都有独特的影响力。这个理论同样适用于人体骨骸，它们都是一个非常独特的媒介，展示了一个人一生的传奇。跟其他会诱发记忆的事物一样，每个人或被它吸引，或对其抗拒。如果从历史角度看来，骨头可以让我们思考生命。在宗教哲学层面，骨头则可以让人们探究人死后到底还剩下什么。至于公开展览甚至以尸体作为教学用途，我个人不反对，我觉得这是一个很好的教学方式。问题是公开展览有没有拿到许可证？展示途径是否合适？而为了一己之私把骸骨当作商品甚至以此牟利的做法，是否与人类本身对"人"的价值与尊重相悖？

要解答这些问题，每个人都必须记住一个大的原则：这些骸骨（曾经）是别人的亲属，也曾经是活生生的一个人，他在死后应该得到尊重，就像他依然活着那样。

第 九 章

食人族

据我所知，那个国家并不野蛮，当地人也非未开化，除了每个人都将自己不熟悉的行为称为"野蛮"。的确，因为除了通过我们所居住的国家的观点及习俗，似乎无其他方法可以用来衡量真理与理性。

——米歇尔·德·蒙田《论蛮夷》
（Michel de Montaigne，Of Cannibals）

每次讲到食人，许多人就会联想到电影《沉默的羔羊》及食人魔医生汉尼拔·莱克特（Hannibal Lecter）。而在探讨这个特别的文化时，很多人都会问一些与食人有关的问题。当然，应该不会有人可以告诉我们一个明确的答案，直到今天。

　　这次……是千真万确、真刀真枪地"食人（肉）"。

　　2016年7月，一个网名为 Incredibly Shiny Shart 的人发帖称他邀请了最要好的10位朋友去他家享用一顿非常特别的早午餐。当天的菜式很丰富，有各种水果、各式各样的甜点、柠檬水等饮料，而主菜是墨西哥菜肉卷饼。这道主菜的特色——用来做卷饼的肉，正是来自他自己的肢体。

较早前，因为一场摩托车交通意外，他的其中一条腿永远都不能再走路，而且需要截肢。当医生询问他的意愿时，他只要求在手术后让自己保存切下来的残肢。

美国没有一条特定的法律禁止食用人肉，而 50 个州中，也只有爱达荷州有条例直接规范食人者。而因为法律禁止谋杀、买卖人肉及处理尸体等行为，这也间接让食人肉的难度增加了。情况比较罕见，这位发帖人所在的州食人不但不犯法，而他取得人肉的过程及做法也没有违反道德。他还把整个过程以照片的形式记录下来并上传到网络上。

被食？死者的创伤伤口鉴定与埋藏学

一般在判断尸体或骨头上是否有"被食"的痕迹时必须要极度小心。在确定此痕迹是否属于食人的痕迹之前，必须先了解一下这个"创伤伤口"是什么时候造成的。创伤痕迹一般分成三类：生前造成的，死时造成的，死后造成的。由于尸身有很大的概率会只剩下骸骨，因此除了骸骨本身，存放的地方亦很重要，特别是骸骨所在地的布置，这一般属于"埋藏学"（taphonomy）的研究范畴。

传统的埋藏学是研究生物死后是如何变成化石的。而运用在法医学范畴的称为"法证埋藏学"（forensic taphonomy）。同样，法证埋藏学研究人死后的环境因素及其对尸体变化造成的影响，其中包括对泥土、植物、昆虫及动物的研究。埋藏或处理尸体的人往往都不会考虑周边的环境，却不知道周边环境，微小至泥土颜色、种类等都有机会提供重要的信息给调查员。

另外，如果尸体被肢解，骨头上也通常会出现刀痕。一般肢解有三个原因：为了将尸体放到特定的存尸地点；试图隐瞒尸体身份，通常会砍掉尸体的头部和手脚，更有甚者会把尸体指尖的皮肤剥除，以防止警方以指纹确认死者身份；有些是因为心理或情感的需求而残害尸体。凶手在肢解尸体时使用的工具多半是锯子或电锯、斧头或刀，工具的种类及切割方式大都可以从尸体切口分析得知。而从切口分析可得的还有切法，如凶手是否手起刀落，刚开始是否有犹豫的迹象（此迹象被称为"试切创"）等。

有时候尸体上也会有一些特定的咬痕，表明动物的存在。这些动物不论大小，都会在骨头上留下痕迹，包括使劲地咬尸体的手脚，因过分用力而在手脚骨及肋骨处留下咬痕。肉食性动物的牙齿比较尖锐，所以在被它们咬过的人骨上，通常会有几个犬牙齿洞；若是特别大型的动物，由于它们有时会较为激动，会大力地抓住"食物"而造成尸体骨折；草食性的牧畜类动物则爱吃干的及旧的骨头，以吸收食物中的矿物质。

古今中外的食人肉、饮人血文化

回到前文，那位发帖人在访问中提到当初没有吃自己小腿的打算，一开始只是想保存截肢，但又觉得制作标本的费用太昂贵。他本来最后决定做一个三维模型，希望之后可以将其做成钥匙扣。之后，就拜托了一名友人的主厨男友，利用这块肉来制作卷饼。

这件事可以让我们反思到底何谓"食人"？食人是否真的是一件耻辱之事？我们一般都会将食人与"不文明的行为"联系到一起，但这是否就是事实的全部呢？而这些行为到底有没有触犯道德底线，又应该由谁来界定呢？

在世界各地流传的民间故事中，都有以身上的肉作为药引的例子。如在欧洲的历史上，有关食人的文献记载已经有几百年，参加者不乏皇族及平民。特别是在文艺复兴时代的末期，德国、英国、意大利及法国都有相关的记录，他们都会喝人血、涂上人的脂肪、吃人肉或用人骨举行一些仪式，这种种行为都只有一个目的——治疗疾病！

今日我们将尸体视为神圣的对象，因此对它敬而远之，但在古时，人们却觉得它是一种带有神秘力量的对象。很多的所谓药用配方都加了人体的元素，如血凝固后磨成粉末可以止血，将脂肪涂在瘀血处可以散瘀，头骨可以缓解偏头痛或头晕等症状。最荒谬的是，病人及医生都觉得这些"药材"的源头死得越暴力、越残忍越好。

古罗马的战士都有饮血的习惯，到文艺复兴时期，他们更视血液为增强健康的饮料。血液可以从新鲜的尸体上收集，也可以直接从活人身上饮取。大家是不是觉得这个情景很眼熟？没错，这就是吸血鬼、僵尸起源的其中一个说法。这种打着"医用"旗号的吸血鬼主义的代表，是一位15世纪的意大利祭司及学者，他推行"想要返老还童，就必须吸取年轻人的血"的主张，因为年轻人的血是干净、快乐、温暖的。另外一位神学家圣阿尔贝伊斯·马格努斯（Saint Alberyis Magnus）亦于1559年的文章中写道：蒸馏过的人血能治百病，而每次只需要少量服用。到 1650 年，人们认为饮用死人新鲜温暖的热血则可以治疗癫痫，而凝固及磨成粉的血可用来止血。到 1679 年，为了方便食用者，更出现了人血果酱及出版了相关的食谱。

除血液之外，早前的人们认为人的脂肪也非常有"药用价值"。脂肪会被当作药物，涂于患有痛风的关节上，又或者用于内服外敷，主治出血并有助于散瘀。当时有一个英国及法国国王的主治医师主推以鸦片、毒堇及人的脂肪调配而成的止痛剂。直到 1964 年，人们还能在巴黎的药房买到人体脂肪！

头骨，是另外一项以其治愈能力著称的商品。17 世纪的英国医师约翰·弗伦奇（John French）提供了至少两款以头颅骨蒸馏出来的酒，他指出这些饮品可以治疗痛风、头晕等症，更有主治癫痫、某几种心脏病等病症的药方。其后，英国国王查理二世在自己的实验室把头骨蒸馏并磨成粉，将之命名为"国王之珠"（The King's drop），并配以酒或巧克力服食。当时的王室人员几乎视之为神丹妙药，还会在流鼻血时把它塞到鼻孔里止血。

食人文化的反思

从欧洲兴起的医学食人及吸血等文化，却在进入大航海时代后，在新大陆出现了新的"定义"。1634年，一位主教约瑟夫·哈尔（Joseph Hall）指责某些部落民族非常不文明，他们会吃人饮血，因此这种食人行为开始没落并被视为禁忌，成为一个忠实的基督徒不能触碰的领域。这个说法也被殖民主义者广泛引用，从有关人性的论点出发，认为当地的食人文化是不文明之举，并以此作为"教育"原住民的借口，并将这种行为作为支持奴隶制度的论据。

其中一些比较有攻击性或挑衅性的部落更会在战争时期，在某些仪式上将抓到的战俘用于供奉并吃掉，这些仪式有时会长达数月之久。这些仪式包括收集对手的人头作为战争的纪念品，或是直接到墓穴里盗取人骨（通常也是头骨）。

欧洲的食人主义不是以相熟或至亲之人为对象，而是那些被社会否定的人，如被处决的犯人、贫穷的人、没人认领的尸体。在17世纪，英国人会进口爱尔兰人的头颅，他们都是直接从战场把头割下，然后放到德国的药房里面卖。以当时的情况看来，英国人视爱尔兰人为下等人。有学者指出，作为药物的尸体肯定是那些被视为奇特、异类，或统称为"他者"的尸体。

为生存不得不食

1846 年春天，由约 90 人组成的大队从美国伊利诺伊州的斯普林菲尔德市往美国西部进发。这群准备搬到美国西部的居民由雅各布·唐纳（Jacob Donner）和乔治·唐纳（George Donner）两兄弟带领，俗称"唐纳大队"（The Donner Party）。

他们原本打算走经常走的那条通往加州的路线。不过领队兰斯福德·黑斯廷斯（Lansford Hastings）为他们提供了一条新路线，这条新路线比原来的路线短，但黑斯廷斯自己也没有走过，因此这群人包括黑斯廷斯自己都无法预料到他们会因为旅程受阻，被困于内华达山区度过冬天。当时一般往西部迁徙约需半年，但这条新路线令这支队伍在跨越犹他州和大盐湖沙漠（Great Salt Lake Desert）抵达内华达州后，失去了原来随队的牲畜。

当年 11 月，一行人终于抵达了最后的关卡内华达山脉，一场俗称"菠萝快车"（pineapple express）[①]的极端气候导致 6.7 米厚的暴风雪，使所有山路都被覆盖，唐纳大队的成员被困于现今的唐纳湖（Donner Lake）附近。多月来马不停蹄地赶路，每个人都十分疲惫，有雪靴的人尝试走到附近的房子里寻找粮食，但却因为饥饿、低温症等原因而收获甚微。

到被困的第 8 天，大队中的帕特里克·多兰（Patrick Dolan）提议以抽签的方式决定谁应该被杀死成为其他人的食物，他自己却成为"幸运儿"，不过大队没有因此杀了他。接下来数天，帕特里克连同数人死去，而整群人除了两名美国原住民领队没有分得一杯羹，所有人都利用这些尸体来好好地补充了营养及体力。他们也怕会吃到自己的亲人，因此会给每位幸存者安排食用的对象及地点。一直到被困的第 14 天，唐纳大队终于再度出发。

1847 年 1 月，他们再次发生粮食短缺危机。随团的

---

① 菠萝快车是美国新闻播报中对一种气候现象的俗称。每年冬季因大规模的"季内震荡"产生，来自夏威夷岛附近持久而强烈的暖湿气流为美国西海岸地区带来大范围的强降雨，严重时会造成洪水泛滥或泥石流之类的自然灾害。

两名原住民领队意识到他们很快便会成为别人的口粮，因而在悲剧发生前的某天晚上逃走了。此时，队内所有人因为走了这么多路，鞋子早就已经破烂不堪，脚也已经流血脱皮，加上因为低温症等情况，他们又缺乏保暖衣物，在粮食欠缺时就想再找一名志愿者自愿成为大家的食物。由于队伍中有两名母亲，母亲要照顾小孩，所以幸免于难。就在左右为难之时，队伍中的威廉·福斯特（William Foster）遇到了之前逃走的两名领队，二话不说就把他们射杀了。

凭着最后的"粮食"，他们走到了一个部落里。部落居民为他们提供了新鲜的食物，足够他们抵达目的地避难并求救。而之后，开始陆续有救援队伍四处搜索生还者。

1847 年 4 月，最后一队救援队伍前往唐纳大队的营地。在厚厚的积雪中埋藏着的是唐纳大队成员的骸骨、断肢，为获得人脑已经被开颅的人头等。救援队员在雪地上找到一些脚印，追寻后发现一名幸存的德国移民正在采集食材，准备把逝者当作食物。随后，此人当然会被冠上"食人魔"的称号，而他自己也公开承认是通过吃这些尸体才存活下来的，整个唐纳大队里也有几个人希望用同样的方式生存下去并获救。

不得不慨叹，当人面临最基本的生存挑战时，道德、法律乃至文明都不堪一击，生存下去的本能的影响力及残酷程度，与人为残害的恐怖程度相比，有过之而无不及。可以肯定的是，在性命攸关时，求生本能的影响，特别是对一个人心理及心智的影响，是我们在丰衣足食的情况下很难理解的。

"如果，命运能选择……"对唐纳大队的成员来说，如果可以从头再选一次，不走捷径绝对是必然之选！

第 十 章

骸骨的永生传说

一个人究竟能活多久？一个人可以存在于这么多不同的时空之中。

——诗人，布赖恩·帕滕《这么多不同的时空》

（Brian Patten，So Many Different Lengths Of Time）

在谈论遗体时，我们最常用到的词应该是"尊重"。生于 1761 年的爱尔兰人查尔斯·伯恩斯（Charles Byrnes）因为一个长在其脑垂体的良性肿瘤刺激其生长激素过度分泌，而成为 2.31 米高的巨人。在世时，他以这样的体型吸引民众前来付费观赏自己，也让当时的国王、王后甚至贵族都纷纷前往拜访他。查尔斯成功地通过这奇特之处让自己生活得不俗。当然，他社交活跃、好酒的生活也对其健康有所影响。但总体而言，他过得不错。

一直到 1783 年，查尔斯的财产被全部偷走，他就开始变得郁郁寡欢并且越来越喜欢喝酒，同时他的身体状况使得并发症越来越严重。这个时候，不同的科学家、医生都看上了他"异于常人"的情况及身体，想对他进行研究，特别想在他死后进行解剖及展出。其中一个苏格兰的医生约翰·亨特（John Hunter）看到了查尔斯不太理想的财政状况，于是提出愿意预先支付给他报酬。查尔斯被吓到了，直接拒绝了这个提议。相反，他深知自己死后可能会被研究及展览，因此他在病危时，清楚地向朋友们表明，必须要以铅制棺材将他葬于海里。他觉得这是唯一一个不会让盗墓者来偷取他骸骨的方式。可惜的是，他去世后还没有到达海边，他的骸骨就被偷走了。

　　查尔斯在 22 岁那年因肺结核去世，医生约翰·亨特以 500 英镑收买了负责运送棺木的工人，偷走他的尸体并在棺木中装上了石头。成功获得尸体后，约翰抽干了查尔斯的脂肪并将其制成标本，放在自己的博物馆内（即现今伦敦的亨特博物馆）共 220 年之久。在展出之前，他更把这些骸骨收藏在隐秘的地方 4 年之久。直到最近，博物馆因为要重新装修休馆，借此机会，大众都希望将查尔斯的骸骨按照他原本的意愿安葬，人们纷纷表示相信相关机构及单位已经提取了足够的 DNA 及组织供研究用，同时也认为以现在的科技水平，这些组织都已经能重新还原制作一副巨人骸骨了。而且有和查尔斯患有同一症状的病患，自愿捐赠自己的骸骨给博物馆，以换取查尔斯的骸骨可以入海为安。但最后到底要怎么做，还是由博物馆决定。

　　当然，查尔斯的骸骨有着重要的医学价值，但为此违背逝者意愿，是否为必然选择呢？难道真的没有更好的选项吗？这进退两难的医学道德问题没有绝对正确的答案，不过可以肯定的是，生者如何对待死者，展示出其对人性的衡量。历史上，因为身体状况而不被尊重的死者又何止巨人查尔斯一例呢。

从生至死都不得安息的多毛症患者

　　朱莉娅·帕斯特拉纳（Julia Pastrana）死后100多年，其被保存下来的尸体一直都没有得到安息，反而成为大众猎奇的对象。她的尸体被摆成挑衅的姿势——双脚分开站立，手叉腰，这个姿势仿佛是朱莉娅自己的强烈控诉，甚至是她整个人生的无声控诉。在她的人生当中，她的身体一直都被视为奇异标本及研究对象，甚至被视为非人类。这样的结局对逝者来说不公平，更是其所经历的不公待遇之极限！

　　朱莉娅在一出生时就患有先天性遗传多毛症，这个病症会导致很多毛发生长于她的脸部、手部、腿部、颈部甚至躯干，还有牙龈增生的症状——此症状会导致患者的唇部及牙龈特别厚。因为这些先天性的患病情况，朱莉娅无论在生前还是死后都被视为异类。

　　据称，朱莉娅的故乡是在墨西哥的一个部落里。她出生于1834年，其父是一位研究野生动物的学者，她的母亲觉得朱莉娅的多毛症是因为有超自然力量——狼人的干扰。她的母亲不知道应该如何处理及面对这种情况，因此朱莉娅出生后两年都被藏在山洞里。而后因其母亲离世，她被辗转送到孤儿院，再从孤儿院被卖到美国的一个马戏团。后来又被送到锡那罗亚州的一位市长家里。据说在这段时间，她接受了跳舞及唱歌的表演训练，并且学习了英语、法语及西班牙语。听起来好像这个市长对她不错，但其实他视朱莉娅为活生生的猎奇标本并对她进行"研究"。

　　朱莉娅20岁的时候，觉得应该回到自己的部落中，却在同一时间被一名美国男人说服要展开她的演艺生涯。她的唱跳训练派上了大用场，不过观众前来看她演出却不是因为她能歌善舞，而是因为她的外貌。人们给她取不同的"外号"，如"半人类"（half human）、"熊女人"（The Bear Woman）等，而这些"外号"又吸引更多人想一睹她的"风采"。纽约的医生亚历山大·B.莫特（Alexander B. Mott）甚至说自己能够肯定地诊断朱莉娅是一名半猩猩半人类生物。当然也有别的医生出来否定莫特医生的说法，但这个说法却被观众、表演者及经纪人接受。他们更利用这个诊断将朱莉娅的出生添油加醋，她父母是谁，是人还是动物，以种种传言延续她的"演艺传奇"。

其中最可恶的是名为西奥多·雷恩特（Theodore Lent）的流浪艺人。雷恩特控制了朱莉娅及其形象，更因为朱莉娅而变得很富有。为了不让这棵"摇钱树"跑掉，雷恩特竟然向朱莉娅求婚了！朱莉娅也答应了他！

1860年，当他们在俄罗斯的时候，朱莉娅生了一个小男孩，这个孩子同样患有多毛症。可惜的是，小男孩只生存了35个小时就离世了。朱莉娅也在儿子死后五天离世。一名来自莫斯科大学的教授在这个时候出现了，并答应要以他私下特调的防腐液和独特的方法，为朱莉娅和她儿子的尸体进行防腐处理。按照他的说法，这个方法是利用制作木乃伊及制作标本的方法对尸体进行处理。这位教授用了共 6 个月的时间将朱莉娅母子的尸体处理好，而这两具被处理过的尸体被摆好站着的姿态，于莫斯科的解剖学院展出。

漂流 150 年的遗体

这个时候，朱莉娅的丈夫雷恩特发现即使朱莉娅已经离世，依然能为他带来财富，他决定把这个标本从莫斯科带回伦敦展出，随后更展开了相关的巡回展出。不久，雷恩特遇到了另一个与朱莉娅有同样病症的女人，他又与她结婚了。他还谎称这名女子是朱莉娅的妹妹，并且要求她与朱莉娅母子的标本同台表演。

他们退休后，雷恩特先行离世，而他的现任妻子只好把朱莉娅母子的标本卖给一个挪威商人，随后尸体标本又在奥斯陆展出。这个商人的儿子也开始带着这两个标本巡回各地，直到二战爆发，这一切才停止。这两个标本先后被放在瑞典及挪威至 20 世纪 70 年代。

从 1973 年开始，这两个北欧国家都已经立法禁止展出尸体以谋取任何利益，这两具尸体不得不被送回仓库里。后来有人偷偷侵入这个仓库，并弄断朱莉娅的手，还将她儿子的标本丢到荒野中，让动物将他吃掉。1979 年，又有人偷偷进入储藏朱莉娅尸体的仓库，这次朱莉娅的标本被整个偷走，最后在 1990 年，朱莉娅的尸体标本于奥斯陆的法医大学一个清洁工人的储物柜里被找到。

关于朱莉娅尸体的去留一直都有不同的说法及争议。一直到 2005 年，一名居住在奥斯陆的墨西哥艺术家劳拉·安德森·芭芭塔（Laura Anderson Barbata）开始呼吁大众联合署名，要求法医大学把朱莉娅的尸体送回墨西哥安葬。终于，在 2013 年，即朱莉娅死后的 153 年，经过多番呼吁及推广，朱莉娅的尸体终于能返回墨西哥，人们在她出生地附近的城镇为她举行了葬礼。

这个旅程多么艰难！一直以来，朱莉娅都非常聪明、谈吐幽默，并对自己身体的独特之处有十分清醒的认知，却因为大众对她的与众不同之处的关注而受到很多莫名的谴责。在争论朱莉娅尸体的去留时，挪威的有关单位也表示，从朱莉娅的一生及死后的经历来看，我们有理由相信她如果在世，应该不太会想让自己的尸体成为解剖学博物馆馆藏的一部分。幸而，最后朱莉娅终于得到了她作为人最基本的尊重，而这份尊重也是她从出生开始就不曾拥有的。朱莉娅的一生是一个悲剧，即使在今天，世界上依然有许多现代女性在为自己身体的自主权而奋斗。

对骸骨的尊重——物归原主

在加拿大不列颠哥伦比亚省，一位保守党候选人在网上购买了一个"骷髅头"，送给她男朋友当作生日礼物。她的男友收到后非常开心，于是拍下照片，并上传至脸书与他人分享。

按照其男友的说法，骷髅头应该是 18 世纪的产物，却不知从何而来。当地保障原住民权益组织的执行董事表示，当人们收到这样的礼物，或接触到相关的对象时，第一时间应找出它来自何方，并找出"经手人"，继而决定是否应"物归原主"。而最让他担心的是，这个头骨是否属于加拿大的原住民，是否来自原住民所在地。这位候选人随后在一个电话访问中表示，经查证，这个头骨并不属于原住民，头骨的价格相当昂贵，也有相关文件证明其来源是正当的。

她更表示，男友一直以来都很想拥有一个真正的人类头骨，并坚称他是文身艺术师，拥有一个真实的头骨，对工作很有帮助。

人体骸骨及有关的归还计划，对任何地方的原住民来说，一直都是需要特别慎重处理的项目，因为骸骨并不是一般的博物馆展品。美国原住民经过多年抗争后，终于在1990年成功争取政府制定法律监管程序，将他们祖先的骸骨、殡仪用品及相关文物送回他们的保护自治区。截至2018年，已有超过6万副骸骨及超过167万件陪葬品被送回原住民手中，而且这种将在异国展出的文物归还原国的举动，并不限于美国及其原住民。

直到今天，购买人体骸骨已不是一件难事。但就是因为容易买到，不少人在处理和管理骸骨时不够谨慎。其实无论骸骨来自哪个时代、哪个地方，我们都必须尊重，并以正确的态度对待它们，毕竟它们曾经也是活生生的人。

那么，面对"死亡与否"与"遗留下来的肉身"的道德标准在哪里？

死亡，并不只是肉身停止工作这么简单，很多时候我们要考虑的标准比想象中更复杂。日本知名作家东野圭吾的著作《沉睡的人鱼之家》在探讨这个主题时，即展现了死亡的多层意义。

《沉睡的人鱼之家》讲述熏子不接受女儿瑞穗的死，因为被诊断为脑死亡的瑞穗看上去就像是睡着了而已。死亡在科学上的定义与在法律上的定义是有差别的，而在哲学上有更复杂的论证。母亲因为不肯接受女儿死亡的事实，倾向于接受关于死亡的更宽容的定义。

小说中也谈到了在日本判断脑死亡的方式，而这个词语的出现跟器官移植有莫大关系，但过了这么多年，它是否不停地被重新定义了？随着《伊斯坦布尔宣言》①的发布，器官捐赠领域会因器官的自给自足而减少了黑市买卖吗？对于不愿接受亲人被诊断成脑死亡的家属来说，他的亲人到底是人还是尸体？小说中的妈妈对于孩子依然在世的执着，难道是错的？这一切皆因被"宣判"的对象是自己十月怀胎诞下的小宝宝。而书中的爸爸一直对妈妈的所作所为保持缄默，是否也应负上责任？婆婆配合，孩子

---

① 2008 年由国际器官移植学会发布的《伊斯坦布尔宣言》被奉为器官移植的圭臬。其主张是：禁止及惩罚违反医学伦理的医疗行为；应立法确保从死者或活人身上摘取器官及器官移植行为符合国际标准；器官交易和器官移植旅游，违反公平正义、尊重人性尊严原则，应加以禁止。

阿姨附和，如果是因自己内心的负疚感而任由女主人公做出这种常人眼中荒谬的行为，她们就因此而能得到救赎吗？而那些只会当面配合，在背后却不满的家人，一直选择置身事外，他们是否也有责任？

《沉睡的人鱼之家》除了探讨一连串的道德问题，特别是医疗道德问题，还展示了一个重点：小孩子其实比谁都了解死亡。可能理解方式不一样，但他们是能够理解死亡的，我一直也确信这点。我曾在医院里为一些面对家人突然离世的小孩子担任志愿者，明白孩子们必须知道为什么他们的家人会一睡不起，为什么自己的亲人就突然不见了……为孩子提供这些答案的做法，其实跟我们法医人类学家为亡者家属寻找答案的道理一样，必须让他们心里觉得踏实，他们才能慢慢接受现实。

人，无论多么不舍，都必须要接受身边的人终有离开的一天。我知道说比做容易，真正做到的人很少，可我一直在努力，让自己明白该放手的时候就好好放手，对双方而言这都是好事。以科学的角度解释，能量不能被创造及毁灭，只能转化成别的能量。器官捐赠如此，任何人离世亦然。当然，什么是适合，什么是恰当，是两回事。正如哲学里，什么是必须，什么是应该，也是两回事。这种情况套用在亲情上，甚至任何与情感相关的议题上，都是一场辛苦的理智与感情的角力。到那个时候，正确或错误都会变成很个人的选择。因为，幸福不是只有一种，而是有很多种定义。到了某个时候，执着的人也会清醒继而放手。死亡是一个过程，同时放下也是过程之一，我们没有标准答案，只能一直向前走，直到终点。

　　而展出骸骨或研究骸骨，虽然可以修正历史，但同时也可以被定义成不敬。到底是否应该为了科学而舍弃对人的尊重及背后的道德伦理？说实话，每一个这种类型的展览都是让我们学习人体结构奥妙之处的好机会，而每个展览都会以多媒体、文献、各种灯光，甚至声效，帮助参观者回到当时，并让他们代入其中。但我们需要记得的是，在整个参观过程中，我们都在与死者做伴，我们是在聆听、学习他们的经历及故事。可以肯定的是，就如布赖恩·帕滕在他的诗篇《这么多不同的时空》里所写的那样，当我们内心永远带着他一起生活，他就依然存在于这世界上。

第 十 一 章

《花花公子》玩伴
女郎尸体发现案

20 世纪 50 年代的美国 B 级电影明星伊薇特·维克斯（Yvette Vickers）曾为杂志《花花公子》担任当月玩伴女郎，而她的电影代表作可以说是《女巨人复仇记》（*Attack of the 50 Foot Woman*）。

不过在 2011 年，邻居苏姗·萨维奇（Susan Savage）发现伊薇特的信箱结了蜘蛛网，并已堆满发黄的信件。由于知道伊薇特有精神问题，担心之余，她从破窗窥探后，决定进屋内查看。苏姗发现屋内有堆积如山的垃圾、信件及衣物，她推开杂物，找到楼梯爬上阁楼。

爬上阁楼后，迎面而来的是一阵阵热气。当时已是 8 月的加州，开暖炉完全是多余的。回过神后，她发现暖炉旁边是一具已经木乃伊化的尸体。这并不是别人，正是一直没有露面的伊薇特。尸体旁边一直开着暖气，法医的鉴定报告指出，伊薇特的尸体已经进入严重腐化／木乃伊化阶段，这表示她可能已经死了一年，但死亡时间到今天依然是一个谜。伊薇特尸体的重量只有 25.4 千克，最后通过齿科记录鉴定了身份。从尸体及案发现场来看，法证人员也表示伊薇特的死因没有可疑，法医科鉴定死因为冠状动脉疾病（俗称冠心病）引发的心脏衰竭。

尸体的腐化速度及表征可以协助我们推断死者到底已经离世多久，从而让我们有最初步的调查结果。而"尸体腐化"的原则及条件可以很简单，也有可能很复杂——因为可以影响尸体状态的变化因素有很多（本书第六章曾特别仔细地探讨尸体在水里腐化的谜团）。因此，在某些情况下，由于尸体存放的环境条件较为极端，会出现意想不到的结果，例如，有的尸体可能在 10 天之内从一具"新鲜"的尸体变成干尸。

但，真的有可能吗？

加速尸体腐化及木乃伊化的要素

要理解"10 天之内变成干尸"这个说法，必须先明白尸体腐化的过程及相关因素。尸体腐化受几种因素影响：温度、湿度、空气/氧气及动物或昆虫接触。有一句话说："地面一个星期，等于水里两个星期，地下八个星期。"

当尸体暴露在空气之中（即没有遮挡的情况之下），尸体腐化的速度比平常已经埋葬及防腐的尸体快 2~4 倍，至于到底是几倍，则取决于尸体有没有接触空气及周围温度的高低。另外，暴露在空气中的尸体，更会吸引乌蝇等昆虫协助加速分解尸体。为了让大家有一个简单的印象，我们举一个大家都可以理解的例子，如果想要把一具尸体做成古埃及木乃伊那样，就算人为打造出与埃及金字塔相同的环境，尸体也需要约 70 天才能和木乃伊相同。

而在平常潮湿的森林之中，尸体从有软组织到只剩下骨头（或许还有少许肉连着）大约需要 50 天。若在一般温度较高，湿度也相当高的森林里面，尸体要从有软组织腐化到只剩下骨头，两个星期就可以了。另外，更有以猪为实验对象的研究显示，这一过程可以于一个星期之内完成。

此外，值得注意的是，尸体有可能因为直接暴露在太阳底下而被木乃伊化（注意：木乃伊化其实是一个干扰尸体正常腐化的过程。而学界对此并没有一个统一的定义。木乃伊化可以发生在整个尸身上，可以发生在部分软组织上）。尸体如果因为环境条件而"选择"木乃伊化，整个过程快则可以于 11 日内完成，慢则需要 12 个星期之久。重点是，尸体如果穿着任何衣物，木乃伊化这个过程的速度会比赤裸的尸体更快，因为衣物有协助带走水分的作用。

有时候尸体只有头部变成骨头，根据前文描述的尸体腐化的程序及有关外在因素，这是由于环境条件使尸体"局部木乃伊化"。在同一具尸体上，可以同时发生程度不一的腐化情况。外国有一名 93 岁的女性的尸体在郊外被发现，尸体的头部已经变成骨头，四肢已经木乃伊化，而躯干部分（特别是器官）已经皂化，形成俗称"尸蜡"的物质。

这种有多种腐化程度的尸体最常见的情况都是头部先完全骨化。这是由于头部的软组织较少，而且尸体腐化及昆虫的"协助"都是从水分较多的地方开始的（头部的位置有眼、口、鼻）。

含冤而死？尸僵现象、死后抽搐

尸体腐化的速度及阶段让人觉得很奇妙，而调查人员及法医们还会尝试从尸体的表征及姿势等去了解到底他们在生前最后一刻经历了什么，事情的始末到底如何。但在做这个分析之前，我们必须先厘清到底哪些现象是正常的，又有哪些现象是不正常的，以便我们做出正确分析及推断。一般大众最害怕的是，看到尸体双手拳头紧握，前臂呈现L形——很容易让人联想到亡者死前可能有被捆绑等情况发生，但其实这个现象与"尸僵"有关。

尸僵的拉丁文 rigor mortis 是指肌肉僵硬，这个现象一般来说会在人死后 3 个小时出现（在温度较高的环境下会更快）。到目前为止，科学依然无法完全透彻地解释尸僵背后的原理，但万变不离其宗：平常肌肉需要能量（ATP）去放松，而这种能量的释放需要氧气。人死后呼吸停止，即身体内再没有任何氧气供应，也就是没有了 ATP，因此肌肉不能得到放松。这种反应的结果就是一般的尸僵。

尸僵的出现多从眼睑、下颌等部位开始，再慢慢漫延到身体其他部位及器官，而尸僵可以维持 24~72 小时（甚至有文献指出，这一时限可以拉长至 84 小时）。在这段时间内，尸体会保持着同一个姿势。因此有些殡仪人员应家属要求，要在这段时间内为亡者着衣，就需要为尸体按摩关节及肌肉，令僵硬的肌肉放松。

而在法医学里有一个比较有趣的现象，即"死后抽搐"，也称为"尸体痉挛"。这种现象泛指一个人死后跳过肌肉放松的阶段而直接进入尸僵的状态。这种现象通常只影响一组肌肉——多半是手及手臂肌肉。

"死后抽搐"通常出现于压力比较大的情况，例如癫痫、溺毙、窒息、枪毙等。因此，外国有研究者在研究一定数量的案例后发现，溺水自杀者的手会握实拳头或抓住水草。在外国的战场上，因头部遭到枪击而死亡的士兵，都被观察到有相同的特征。至于为什么会出现"死后抽搐"，医学上依然没有一个可以得到广泛认可的解释，不过有研究指出这种现象可能与死者死前的情绪、意识等有关。

至于双手弯曲，呈现"L"形这种现象，其实颇为常见。大家可以想象一下，我们在举哑铃的时候，当上臂用力，肌肉收缩时，手必定会弯曲，何况在整只手的两组肌肉——前臂及上臂都分别因为抽搐而使肌肉实时收紧的情况下。因此，手在这种情况下产生弯曲，几乎是预期内的反应。

水上浮尸如何辨别身份？

尸体腐化的时候身体内部发生了什么？其实这里面牵涉两个化学程序：自我分解及内组织腐化。

在第六章中我们也提到过，从心跳停止、呼吸停止的那一刻开始，人身体里面成千上万的细菌及酶就会开始分解软组织（例如，胃里面的细菌及酶开始消化整个消化系统），此为自我分解。这个消化组织及器官的过程也会产生强烈的腐化气味，也就是所谓的尸臭。在分解软组织时，细菌与酶的化学作用会产生气体，但在皮肤腐化之前，这些气体会被困在皮肤底下，因此部分处于早期腐化阶段的尸体腹部会肿胀，继而造成"尸体肿胀"的现象。

尸体于水内腐化与陆地上有不一样的速度及变化。在陆地上的尸体在这个过程中，皮肤会变色（或褪色），然后会脱皮。细菌会慢慢从肠辗转分布到整个腹腔并上至喉咙等位置。同时，腐化的汁液也会导致尸体脸部及颈部肿胀（腐化过程的详细情况请参阅第六章）。

如果尸体在水上被发现，因为水压改变的关系，这些腐化产生的汁液将随着水从鼻、口、眼、耳、肛门等身体的"开口"排出体外。当然如果有其他伤口，伤口也是体液流出的出口之一，但就算没有伤口，因为尸体腐化加上水压改变，有液体从"开口"排出也是正常的现象。正如我多次提到的，尸体腐化的速度跟温度、氧气、尸体有没有被衣物包裹等因素有着莫大的关系。

当尸体接触到水时（以分钟计算），尸体的手脚会出现"皱皮"的现象，这是尸体表皮下的血管收缩造成的，被称为"洗衣妇手"。刚下水的尸体会先沉到水里一小段时间，但当尸体的自我分解及内组织腐化开始时，浮力就会增加，这是因为这些化学变化产生的气体的作用。尸体会继续漂浮，人们开始看到尸体的变化，包括脱皮，甚至部分软组织脱离尸身等。当尸体的组织腐化部分增多后，腐化产生的气体会慢慢减少，继而影响尸体的浮力。因此随着尸体骨化，尸体的浮力减弱继而会再次沉到水里。另外，如果死者肺部有积水，也会减少尸体的浮力，使尸体相对容易沉入水中。

另外，因为尸体在腐化时会脱皮，而有时候手部脱皮会脱得比较有"戏剧性"：脱下的皮犹如一只手套！有时候，法证人员可以把这只"手套"戴上尝试套取尸体的指纹。虽然脱皮好像看起来很恶心，但有时候也会因为表皮脱去而使一些旧的文身及伤疤重现，这些都是可以帮助寻找死者身份的线索。

的确，浮尸因为水的关系使 DNA 不容易提取，指纹也会被破坏。不过如果死者的牙齿保存得好，就可能从牙齿提取 DNA 做身份鉴定。前提是死者牙齿的牙釉质没有被破坏，生前也没有任何齿科疾病。当然，如果尸体在化成骸骨后才被找到，就要通过骨头去推断与死者身份相关的资料，找到死者身份的难度也会更高。

创伤痕迹分析：死时创伤、死后创伤

要分析死者在临死时有没有被虐待，或是凶手是否在杀人后制造了另外的表象隐藏真相，可以通过分析尸体身上及骨头上的创伤痕迹及分布情况来推断。

　　"创伤痕迹分析"在人道主义及法医学上都是非常重要的一环。跟软组织上的创伤不一样，法医人类学家只能从创伤或凶器留于骨头上的痕迹进行仔细分析。从人道主义的角度来看，这类研究虽然未必能为在灾难性事件或大屠杀中的死者寻回身份，却有收集战犯罪证，为被欺压的群体发声的作用。而创伤发生的时序尤其重要，例如：哪些是致命伤？死者是否被多次蓄意打伤？

　　死后创伤通常都来自外界压力加于已经丧失了弹性及韧性的干骨头上，这属于"殡葬创伤"。这类创伤可以基于温度的改变、有动物来猎食，甚至因周边植物自然生长而造成，例如大树的根，甚至简单如土葬时覆盖于尸体上面的泥土等。

　　要评估伤痕是否为死后创伤，专家必须从骨折的角度、骨折折口边缘的痕迹等来判断。至于"死时创伤"的定义却有商榷的余地。学者绍瑟（Sauser）指出，这些创伤是在死亡时间前后造成的。但是，这些创伤也有可能是由死后创伤伪装而成的。

　　两者最大的区别是骨头里的水分。在这里，我打一个比方，便于大家理解。死时创伤的伤口痕迹就好比用手将一块常温的巧克力掰成两块，巧克力断裂的切口边缘与巧克力的颜色是一样的，切口边缘相对平滑规则、不刮手。这些都是因为在造成伤口时，骨头里面依然充满水分、骨胶原等有机物质。相反，死后创伤的特征就如用手将一块饼干掰成两半一样，饼干断裂的切口边缘内层与饼干外层的颜色不一样（一深一浅），切口边缘粗糙且不规则、刮手。这是因为造成这个创伤时，骨头里面的有机物质甚至水分已经消失。当然，差别能如此明显是因为骨头已经被放置了一段时间，但背后的道理却是相同的。

不过，也请大家注意，一般法医如果没有亲自到现场，也没有参与任何一宗解剖工作，那所有的解释都只能按照科学原理及法医学知识来分析。如果只是根据网络图片去分析，因为图片的清晰度及拍摄角度的影响，很有可能无法通过清楚的检查及检验得出结论。法医科及法证科的第一大前提：永远不要单从一张照片就得出结论，尤其是低像素的照片。所以法医不在现场就没有办法清楚检查尸体，也不能给出很肯定的答案。

孤独死的真相

回到本章开头的尸体发现案。伊薇特的尸体最终被火化，相传是《花花公子》时任主编休·海夫纳（Hugh Hefner）承担了火化及殓葬费用，但最后也没有得到证实。不过海夫纳的确发表过声明，表示为伊薇特孤独地离世感到难过。伊薇特的骨灰就一直由她的同父异母的哥哥保存，他更为伊薇特于教堂举办了追悼会，但只有 29 人出席——大部分都是伊薇特的家人及数名许久没有联系的朋友，而在追悼会上只有神父及哥哥发言。

整个丧礼更让伊薇特的哥哥大惑不解，为什么他妹妹死去这么久都无人问津？为什么妹妹生前的朋友都没有来凭吊她？

伊薇特死前的几年，除努力写自己的自传之外，更努力在网上结识朋友及伴侣，完全依赖网络生活。而现实中的她已经成为一个隐形人，没有孩子，不参与团体活动，没有任何社交圈子。发现她尸体的邻居苏珊企图了解伊薇特死前数月的生活，于是研究了伊薇特的电话账单。苏珊发现她在死前数月都没有与家人朋友联系，反而与网络上主动联络她的支持者通话。

伊薇特在登上《花花公子》后，改变了自己演艺事业的轨迹，成为当时巨兽类科幻电影的代表人物。她在世时因为成为隐形人，与周边的人距离渐远，而她的死反映了现代人过分依赖网络社交的恐怖状况。她的死讯占据了多份美国报纸的重要版面，与她生前的隐居状态差距极大。

如果不是因为邻居苏珊的关心，伊薇特不知道还要在暖气旁边待多少年才会被发现，甚至永远都不会被发现。她以她的死亡向我们诉说，独居及孤独离世这个必须要被正视的社会问题，这也逼我们思考应该如何改变这种情况或在现实中互相协助。

第 十 二 章

骸骨的秘密

从 2008 年到 2012 年，考古学家在英国一家古老医院的遗址进行挖掘工作，并找到了多副人类骸骨。其中一副属于一名来自公元 11—12 世纪颇为富有的男士，年龄为 18~25 岁，死于麻风病。

我们到底是如何知道这些细节的呢？答案是通过人体解剖学。

人体解剖学的滥觞

自 15 世纪达·芬奇绘制了人体素描后，人体解剖学的实证研究开始崛起。按照《人体交易》收集的数据，最早的整副人骨标本可追溯到 1543 年。但通过在人类身上实际施刀来学习解剖，并非自古以来的常态。在文艺复兴时期知名人体解剖学家安德烈·维萨里出现之前，所有对人体的理解及医学文献，都建立在古希腊的外科医生盖伦（Galen）的理论基础之上。在医学发展的初期，碍于当时希腊宗教信仰及价值观等因素，盖伦不能对真人进行解剖研究，他遂转移至动物身上，通过解剖动物如猴子及狗，对相关知识进行记录。因为当时的医学院教材主要都是盖伦的文献，而不是人体本身，因此医学生都误解了所有跟人体结构有关的理论，包括血液循环的方向、各重要器官的位置等。大约 1000 年后，维萨里"反叛"般出现，才开始颠覆整个人体解剖研究的方向。

当维萨里研究基于盖伦理论的人体解剖学时，发现盖伦文献所写的内容与人体结构不一样，因此他舍弃盖伦的学说，并写下《人体的构造》一书，配合达·芬奇的描绘，为解剖学及现代医学奠定了基础。早在 16 世纪的英国，亨利八世就允许通过解剖死囚（碰巧大部分是男性）学习医学。到 18 世纪中期，"死后遭解剖"是被判处的终极惩罚之一，但只限用于犯有谋杀罪的罪犯。当时女性很少与这个罪名扯上关系，更遑论死刑，因此当时人们缺乏解剖女性的证据。

考古学家詹娜·迪特马尔（Jenna Dittmar）及皮尔斯·米切尔（Piers Mitchell）就死后相关的医疗行为进行研究，通过分析医院坟场的骸骨，发现在美国及英国，骸骨曾被解剖两至三次。除了男性骸骨，他们也从女性骸骨上找到了类似的痕迹，且频率也相同，于是他们更想通过这些骸骨，找出前人对待男女性尸体之异同。他们共研究了99副骸骨——74副男性、25副女性，这些骸骨全部来自19世纪后半叶的伦敦皇家医院及剑桥大学，结果显示，每一副骸骨上都有解剖工具留下的痕迹。

研究团队将所有找到的痕迹记录下来，并与历史中相关记录记载的解剖过程及描述做对比，找出整个过程的始末。有趣的是，他们发现虽然用来开颅的锯齿角度并不一致，但都是从左边开始锯开头颅骨。他们亦发现，甚至骸骨的脸部及眼睛都曾被解剖过。而在这99副骸骨当中，有3副的头颅更从颈椎就开始被锯开，与身体分离。

另外，他们亦在多只"断肢"上找到不同的切割痕迹。研究团队推断，这是当时因为缺乏尸体来学习解剖，而衍生出来的学习"风气":"尸体分享",当中亦不乏女性尸体。研究团队由此推断两性死后被对待的方式并无不同。这个分享尸体的学习方法,让负责解剖的人摆脱了死者性别的枷锁。

果然,死亡面前人人平等。

人体中最奇妙的物质——骨头

但到底无言的骨头,如何帮助我们了解死者的信息呢?

骨头是我们生命的基础之一。在我们刚出生的时候,骨头没有完全发育,这样能使我们比较容易离开母体。出生时的我们有 300 多块骨头,然后当我们一路成长、发育,骨块与骨块,又或是骨块与"骨骺板"(或称"生长板")融合。通过骨骺板与骨干的活动,我们会在儿童及青春期时长高。因此,骨头任何时候都不停地在变化,在改善,在成长。

骨头,是一种极具生命力的器官,充满丰富的血管和神经,其细胞亦不断更新及死亡。但光是这样描述,对骨头来说未免不够公平。因为,骨头是由于进化而意外地演化出来，是身体中最有趣、最奇妙的物质。当然，对人类来说，骨头最重要的作用是支撑我们的身体，并且作为一个框架保护我们的内脏器官。它自己本身不会动，却能让我们动。即使每一种动物的骨头框架结构都不一样——有些骨头会演变成犄角、翅膀等，但几乎每一种生物都有这个结构。

　　骨头最初在我们还是胎儿的时候，开始以软骨的方式出现。随后，负责制造骨头的细胞会以矿物质组成的成分，例如磷酸钙等，取代这些软骨。随着成骨细胞不停地在这个软骨表面继续放置更多矿物质，骨头会慢慢变得强壮并且坚硬。而骨头里面的空间会慢慢被神经、血管等养分输送管道占据。在我们活着的时候，成骨细胞会不停地在骨头上添补矿物质，并且配合破骨细胞以创造一个平衡的环境及框架。

　　破骨细胞能够利用酶分解已经没用的矿物质，让成骨细胞指派更多更有用的矿物质到骨头上。这个情况就好比当我们要装修一间房子的时候，必须先把不要的部分拿掉再把想要的部分装上去，这样才能达到理想的效果。

　　从生物化学层面来看，骨头是由有机物及无机物构成的。有机物，如骨胶原，占骨头总重量的 30%~40%，可以让骨头具有韧性；而无机物，如磷酸钙，可以增加骨头的硬度。骨头中有机物与无机物的比例，会随着人年龄的增长有所变化。儿童及青少年骨头里的有机物很多，而无机物的含量较少，因此骨头的硬度较弱韧度却很强，因此要造成这部分人群完全骨折需要很强的外力。

相反，老年人骨头中的有机物含量少，无机物含量多，这使骨头的结构变脆并且很容易被折断。成年人骨头中的有机物比儿童和青少年少，却比老年人多，无机物的比例也处于青少年及老年人之间，因此，他们的骨头硬度强却缺乏韧性。

人体的奇妙之处在于，从骨头及牙齿在娘胎内生长开始，骨头的生长速度及进程是依循着一条既定路线进行的。在确定死者死亡年龄，判断他是否为儿童时，正确做法莫过于从牙齿形成、出牙的进程、骨头生长、骨头融合速度等方向进行分析。而成年人则相反：多半是观察骨头的损耗程度。科学的每一个小进步，都是协助我们这个"最后证人"进行辩识的工具。

从骸骨判断性别

在建立骸骨档案时，推断死者性别及年龄是两个非常重要的项目。要辨别骸骨性别非常重要的一个原因是，法医在推断了死者的性别之后，就排除了一半的可能性，令搜索范围变小，变得更集中了。另外一个很重要的原因是，在很多鉴定年龄的技巧当中，多数情况下不同性别会有不同的结果。所以，准确推断骸骨的年龄、性别是必须要做的。

在 20 世纪初，驻美国人类学家阿莱什·克尔吉奇（Aleš Hrdička）为现代的人类骸骨研究奠定了深厚的基础。他为当时的美国自然历史博物馆（现今为史密森博物馆）的第一任馆长。在他任期内，他研究的骸骨都只被分为男性和女性，没有不确定性别这一项。以当时的研究水平来看，这可以说是一种约定俗成的研究方向。

密歇根大学的科学家弗雷德·P. 蒂梅（Fred. P. Thieme）及威廉·J. 舒尔（William J. Schull）在 1957 年的文章中写道："性别与其他人类表型特征不同，它不是一个持续改变的因素，而是一个清晰地以双型态分布的特征。"按照记录，这个推断骸骨性别的双型态模式影响了法医人类学科研成果数十年。

直到 1972 年，宾夕法尼亚州立大学的荣誉退休教授肯尼思·韦斯（Kenneth Weiss）根据在多个考古遗址找到的骸骨统计，每个遗址中的男性骸骨都比女性骸骨多出 12%，按照他的理解，男女比例应该是各一半才对。经过探查，他总结相关人员在判断性别时，很多时候都有种抵挡不住的"诱惑"，不论是以整体感觉、身高、骨头大小等为判断标准，还是其他要素，他们都忍不住将骸骨确定为男性或者女性。因为他的发现及报告，相关研究守则开始慢慢改变。从那时开始，判断性别时，法医人类学家除了有"男性""女性"这两个选择，还多了一个"不确定"的选项。21 年后，当时一名叫卡伦·博恩（Karen Bone）的硕士生再进行研究时，发现之前骸骨性别不平衡的问题已经消失了。

性别——或可以称为具有男性骸骨特征及具有女性骸骨特征的骸骨，是基因及生物化学的"交流"所致，而这种相互交流发生在整个身体的任何一个组织，包括脑部。法医人类学必须注意到在骸骨上看到的特征及变化，这些都是非常复杂的性别基因蓝本与生物化学的"交流"。

就好比蓝色与红色混合，一定会产生紫色，但在混色的过程中，必定有些位置蓝色比较多，有些位置红色比较多，因此到最后会出现不同深浅度的紫色。骸骨也一样，因为基因与生物化学的"交流"关系，有一些男性的骸骨也会带有女性骸骨的特质，又或是某些女性骸骨也因为基因的缘故，而有更突出的男性骸骨特征。性二态（sexual dimorphism）的差别越大，法医人类学家判断出来的性别就会越准确。但我们必须要牢牢记住，这背后全都是体内的"生物化学"在搞鬼，不可以直接证明骸骨本身的性别，甚至基因显示的性别。

因此，除了用一般的盆骨、头骨来推断性别，法医人类学家还会按照骸骨发现的地区或国家，来断定自己的判断是否符合这个国家或地区的性别特征。以一个与荷兰人有关的研究为例，荷兰人是地球上被认为最高的"民族"，但他们的婴儿出生时的大小和其他国家的婴儿相比没有特别不同。因此，他们的妇女没有太多产科并发症，相信是因为从身体比例角度而言，荷兰女性的骨盆比较大，不需要因为适应生小孩而产生特别变化。反之，来自其他地区的女性，特别是较矮的女性，因为要迁就生孩子的关系，激素会协助盆骨适应生产需要，这些女性的盆骨与男性的相比，就会有比较大的差别，性二态性比较明显。这个研究说明，若用荷兰人的盆骨来推断性别，会比较困难。

没有一位法医人类学家会像电视剧展示的那样，只用一个体型特征来推断性别。如果在分析时，以成人骸骨来计算，若能够以一整副骸骨进行分析，确定性别的准确度可以高达 95%。

"骨头"在历史文化进程中扮演着极重要的角色

在推断任何关于生前活动甚至工作的痕迹时，必须留意骨头的构成、韧性，并清楚地了解这些是受很多因素影响的，尤其是男女骸骨之间的差别。随着人类从狩猎-采集的生活模式转向一个偏静止且以农业为主的生活模式，人类的骨头其实并没有发生太大的变化。从前（发现于中欧，介于公元前 5200 年到公元 100 年）人类的胫骨，因为经常跑步，受肌肉的影响，比较弯曲且粗壮，演变到今日，人类的胫骨较直，相对也没那么粗壮了，这是因为我们耕作多而运动少。这个差别多出现在男性身上，女性的胫骨演

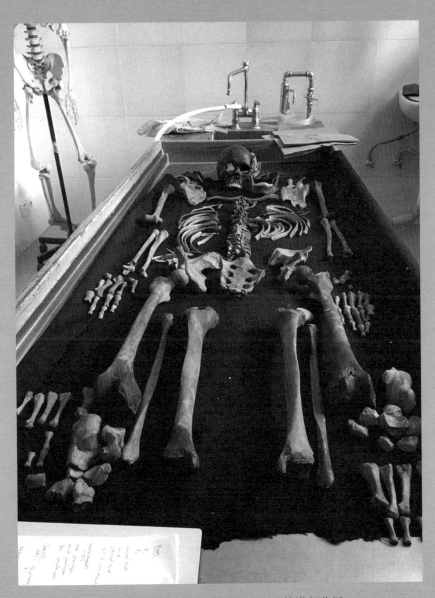

骸骨在清洁好之后，应依照解剖体位排放好，再开始进行分析

变反而没有太大差异。

有些研究认为，这是由于史前女性多从事居家的工作，因而没有男性那么强壮。不过剑桥大学一名人类学家的研究对这个假设提出质疑——他的研究指出，我们一直都在简化史前女性的工作，认为应多半属于静止活动或是做得比男性少。这名人类学家的团队利用 3D 激光成像系统记录共 89 块胫骨及 78 块肱骨，这些标本分别来自中欧的新石器时代（约公元前 5300 年到公元前 4600 年）、青铜时代（约公元前 3200 年到公元前 1450 年）、铁器时代（约公元前 850 年到公元 100 年）及中世纪（约公元 800 年到850 年）。

同一时间，他们也邀请了剑桥大学有运动背景的女学生，包括跑步运动员、足球运动员甚至赛艇运动员及一般女学生（即没有运动背景的同学）参与研究，以 CT（计算机断层扫描）获取她们手部及脚部的扫描片。

分析下来，所有人的胫骨和以前学者的研究结果一样，都没有太大变化。但是当他们分析肱骨的变化时，则发现了一个新的模式：来自新石器时代、青铜时代及铁器时代等史前标本的肱骨的强度，都比现今一般女性的肱骨强度高 5%~10%。比较之下，史前时期的女性手臂与现今赛艇运动员的手臂比较像。这表明当时的女性需要使用与赛艇运动员相同的力量去挖沟渠，搬动耕作需要的篮子、工具及磨谷物。由此可见，史前女性的劳动强度依然很大，对上半身力量的要求比较高。相反，男性的工作则主要是对双脚的能力要求较高。

当然，骨头可以按照生物化学来定义，把过去数百年甚至千年的演变，以统计学的数字呈现，但这样其实也无法让我们很清楚地了解骨头背后经历的一切。

说实话，对骸骨的研究也要看是由谁去观察，不同观察者从不同角度出发就会分析出不同的故事。骨头在我们文化中的地位，就如隐藏在我们体内一样——很安静，我们很少会去直接谈及它，它却静静地记录着我们日常生活的一切。同时，骨头在不同文化中具有不同的象征意义。我们人类一直都有用骨头制作乐器、珠宝、收藏品、宗教信物等的传统。骨头在我们的文明中，其实并不只是科学研究的一部分，也不只是生物学的一部分，更是文化、历史及社会的一部分。

因此，骨头能够向我们诉说不同个人的独立故事，同时也编织着整个世代人类与骨头的关系。而这个关系，必须要通过多种角度，包括文化历史的角度去整体理解。即使在人死后数百年，只要骨头存放在适当的环境中，都能得以保存，并且骨头上面的特征可以帮助我们辨别逝者的身份。通过现今的科技与工具，例如手携式 X 光机能够让考古学家或相关人士，解读骨头提供的重要线索及特征。源自体质人类学这门专业的知识，让学者们能够通过骨头拼凑出前人的经历，分辨出一些影响整个族群的重大历史事件。

谦卑地面对生命最终与最忠实的记录者

骨头，在数以百万年的演化历史中，一直在支撑着我们的身体，并使我们能够活动自如。它因为每个人的生活方式不同而有所不同，继而衍生了每个人骨头的独特性及多样性。从另一个角度来看，骨头也记录了我们一直以来的生活方式及习惯，犹如隐藏在每个人身体里面的专属印记一样。

它可以说是我们身体的最后一个拼图，提醒我们生命走到那一刻就已经到了尽头，而头颅的象征意义更不停地提醒我们这个命运。

在与这些骨头面对面的时候，它也提醒了我们法医人类学家正在凝视的是一个"人"。游走在文化、历史及生物学之间，我们尝试了解彼此。越接近骨头，或许就越能看到不想看到的那个自己，又或是可以看到被同化、被世俗捆绑及加诸身上的各种价值观。

因此，解剖学的目的不只是让人们了解人体结构，它的背后是关于生死、人性、利他主义、尊重及尊严这些大的哲学命题。它，是修行的一种。而整个学习的过程都是非常个人的。

当你了解了解剖学的美好，就会想将这份心意传承给后代：让其他人都可以学习人体结构的奥秘，启发他们进行属于自己的心灵修行。

学习解剖的人当然是站在了古希腊的医学巨人希波克拉底、盖伦，以及他们的继承者列奥纳多·达·芬奇和安德烈·维萨里的肩膀上，他们的绘图、研究成果都是我们学习的基础。

作为一个存活于世的活生生的人，无论有多么频繁地接触死亡，你跟它依然走在平行路上，互不相交。进入解剖学领域，了解解剖学的美，它就如同一道连接这两个平行世界的桥梁！只要曾经走过这座桥，你都不会忘记各种学习与经历，因为从第一次走上这座桥开始，所有的一切都会将你身体里的每一条神经唤醒，那种经验就是如此特别！

有关人员细心地将碎骨拼凑起来才开始正式分析

结　语
导致强行分离的棒棒糖

于生者我们有欠尊重，但于死者我们只欠真相。

——伏尔泰，《致杰农维尔的信》

（Voltaire，Letter to M.de Gernoville）

美国夏威夷的莫洛凯岛（Molokai）北岸有一个半岛，被世界最高的海岸悬崖孤立，人们只能以徒步或乘坐小型飞机的方式前往。虽然此地的地理环境相对险峻，但却有着非常漂亮的自然景观。谁能想到，它险峻的环境及被孤立的地理位置，竟然成了替夏威夷背负一段黑历史的主要原因。

位于莫洛凯岛的卡劳帕帕（Kalaupapa）小区是历史上

隔离麻风病人的地点。具体来说，在卡劳帕帕一共埋葬了约 8000 名夏威夷居民，他们全都是因为这个疾病而被迫迁移到卡劳帕帕的受害者。

从 1866 年开始，不少夏威夷人都出现了麻风病的症状，由于当地原住民的免疫力很低，这个疾病很快就传播至整个岛屿。麻风病最初是由入侵后定居于夏威夷的欧洲人传入。当地人对这个疾病的了解有限，只知道麻风病会影响及破坏神经系统，使人丧失控制肌肉的功能、失明，甚至会导致肢体脱落。

在当时的夏威夷，不论是小孩、青少年，还是母亲、年迈的祖父母，只要有任何麻风病的症状就会立刻被迫离开家园，被送到位于卡劳帕帕的隔离区。这些被隔离的人，就如同被判了死刑，只是他们并没有犯下滔天大罪。

被重写的麻风病历史

麻风病，又称为汉森病（Hansen's disease）。它与肺结核一样，属于分枝杆菌病，是由麻风分枝杆菌引起的一种慢性传染病。由于这种类型的杆菌是由挪威学者格哈特·阿莫

尔·汉森（Gerhard Armauer Hansen）发现，因此亦以其姓
氏命名。麻风病是经由飞沫传染的慢性传染病，通过鼻腔
黏膜及呼吸道吸收而感染。这个传染病并非高度传染病，
亦不能经由皮肤接触传染。人类对麻风杆菌的易感性很不
一样，是否被传染主要取决于个人免疫力的高低，因此临
床特征也相对多样化。[①] 而麻风病患的骸骨，特别是手指、
脚趾等地方都会出现一个被称作"吮吸棒棒糖"（sucking
lollipop）的特征：骨头因为疾病的关系而变得像吃过的棒
棒糖一样。因此，我们检查及分析骨头时，如果看到这个
特征，就很容易联想到死者生前患有这个病。

　　麻风病的历史悠久，相传起源于东非或远东地区，然
后传至欧洲，再抵达美洲。按照历史记载，第一宗有记载
的麻风病出现在公元前 600 年的印度宗教典籍中，描述了
患病者的手指及脚趾失去感觉的症状。病人被弃置于荒野
中自生自灭，甚至被烧死。

　　中世纪时，麻风病在欧洲变得普遍，其影响力更于
12—14 世纪攀至顶峰，随后陆续消失。有学者推测，可能

---

① 　麻风病按照五级分类法分为：结核样型麻风（TT）、界线类偏结核样型麻风
（BT）、中间界线类麻风（BB）、界线类偏瘤型麻风（BL）、瘤型麻风（LL）。

是因为肺结核的病发率变高，在某种程度上亦提高了人类对麻风病的免疫力。但在 2018 年，苏黎世大学古基因学家韦雷娜·许内曼（Verena Schuenemann）领导的研究团队在学术期刊上发表了他们的研究成果。他们检查分析了约 90 具来自欧洲各地、时间从公元 400 年至 1400 年的古墓中因麻风而造成骨骼变形的人类骸骨，表示麻风或源于欧洲东南部、西亚，而引起中世纪欧洲病潮的麻风杆菌的多样性更比我们一般认知的复杂得多。这个研究令学界不得不重新审视麻风的起源及历史。同时，也因为这个研究，麻风杆菌肆虐人类的历史被推早了几百年甚至数千年！

建立与死亡的友好关系

法医学是一门专门为未来做准备的学科。在这个靠死亡不停运转的引擎的推动下，我们的确多了很多途径及方法去研究有关死亡的知识。它也是一个可以让人类文明走得更远的引擎，为我们提供创造、思考、学习、爱的动力。在学习及研究的过程中，我很荣幸能够遇到每一副骸骨——不论是考古材料还是死于不同战争、被灭声的受害人，都以其专属的"骨头密码"跟我分享了他们的秘密及其人生中的各种体验。

在今天，这个强调分化、强调差异的世界及大环境中，这些无声的同伴则努力向我证明与当代相异的理论，他们向我表达：不论来自何时、何地，拥有怎样的宗教背景、社会文化，我们都通过不同的方式学习着他们生前的故事。

但同时我也困惑，现今人们能利用最尖端的科技及装备，将人类活动推往极限，去征服最高的山峰，走到世界任何一个角落，尝试发掘及探索外太空领域和其他星球上的一切，但与此同时，人们却以同样的态度将人生最基本的"终点"拒之门外，希望可以避而不见。这种忌讳也让我们在世时拒绝与死亡互相了解，情愿在死亡面前保持沉默。

不过，拒绝认知死亡的沉默态度无法阻止事情的发生，只会让人徒增恐惧——害怕至亲有一天会离自己而去，不敢想象后果，同时也害怕面对自己的死亡。这种恶性循环让我们忘记了如何坦然地死去，如何关怀那些在死亡边缘挣扎的人，到最后，更忘记如何去哀悼。

小说《科学怪人》（*Frankenstein*）的作者玛丽·雪莱

（Mary Shelley）认为，她的"母亲"是一块墓碑。由于她没有机会认识自己的父母，她只能通过在父母的坟前阅读他们的著作，幻想出与母亲的联结。因此，对于玛丽·雪莱来说，坟场并不是一个冷冰冰的只有墓碑的地方，而是一个充满知识及能够帮助她与母亲沟通并建立关系的地方。当然，《科学怪人》中的描述也反映出坟场对她的独特意义。故事主人公曾经讲道："要理解生命，就必须要追溯至死亡。"如同小说情节中，科学怪人是由不同尸体的尸块组成，玛丽·雪莱的小说创作，就是用她母亲的著作加上自己的个性，构成一个与众不同的"怪物"。

　　关于死亡，我们需要的不是接受，也不是保护，而是找到自主权。生来就要面对身份定位迷失的玛丽·雪莱，能够通过亡者留下的只言片语，加上自己的创造力，将自幼失去亲人一事幻化成一个机会，缔造了一个让自己"重生"的机遇。同样，从事法医人类学专业的我，在面对各种各样的亡者故事时，将这些视为机会，而不是障碍。这些故事是可以让我通过亡者去重新认识与欣赏生命的好机会，甚至对我来说，可以存在于这个世界，就应充满感激。

　　这些都是来自全球、帮助我进行骸骨研究的先辈，以多角度、多副骸骨来向我诉说的秘密。在能够感受生命的时候，请全力感受，因为与存活于世不过百年比起来，死亡的时间会更长。当面对很多死者受到不公平对待或逼害等情况的案件时，我会不由自主地想，自己到底可以做什么，到底怎样做才能改变世界。而此时的我，会对自己经历过的及拥有的更加知足并感恩。我可能会对某些事情慢慢建立起与政治相关的立场，甚至在到达一个新的地方后，慢慢融入当地文化，学习当地语言。无论当下对工作是怎样的态度，可以肯定的是，从我离开工作时参与的案件那一刻开始，我已与经历工作案件前的那个自己不一样了。

勿忘你终须一死

历史上的麻风病患者一般都是被社会厌弃、隔离的一群人，甚至会惨遭处死。《圣经·旧约》里对于麻风病有详细的解读：无论男女，只要在皮肤上出现了类似麻风的症状，就需要被隔离 7 天，以观察病情是否扩散及是否确实患了麻风病。如果一个人最后由祭司确诊为麻风病，他就被定为不洁净之人，此为亵渎之意。麻风病患者被视为有罪的人，因为他们内在的罪行而受到神的惩罚。因此从中世纪早期开始，欧洲出现了很多为麻风病患举办的"隔离"仪式。患者会被放在空坟中，然后被撒上少许泥土，神父就会宣告此人已经死亡，并会在末日审判时复活。仪式结束后，亲友送上金钱及食物给患者，并将其引领到城外，正式将其驱逐。他在法律上不再具有一个活人所拥有的权利和财产，成为社会中的活死人。

　　通过法医人类学及生物考古学等专业，我们可以从另一个角度了解这些曾经在某个时代的活死人的病症及经历，除了了解他们在生理上的疾病症状之外，我们也知道了他们当时在社会中的文化及历史地位。我们通过"骸骨"这个时光机不但了解了过去的悲剧、现今的处理手法，更重要的是让我们为未来做好准备。

　　当然，我们的观念不免会被传统甚至文化局限，如人类历史上曾出现以美学甚至艺术角度来看待解剖学的现象，并正视我们的人体结构。但不知从何时开始，美学、人文及科学被利刃冷冰冰地分割开来。这都归咎于我们今天把老、病、死这些话题远远隔离在日常生活之外。

　　近年来，印度及尼泊尔都有不同的案例显示麻风病依然在肆虐，对当地人造成困扰，尤其是女性。历史上曾经因为同一种病被嫌弃的族群，将会重现在我们这个时代，甚至被双重边缘化。到底我们有没有从前人给我们上的一堂课中体会到什么？有没有从历史的教训中学会什么？哲学家伏尔泰说，人们对生者有欠尊重，对死者有欠真相。如果我们忽视了由前人留下的史实，我想我们不只是对生者有欠尊重，更是对那些曾为挽救逝者生命而努力的人有所亏欠，甚至愧对每一副让我们研究的骸骨及其背后鲜活的生命。

每一副骸骨为后世保留的秘密都隐藏着同一个道理——勿忘你终须一死。他们以"死亡"回复着我对生命的疑问。不论主角的性别、身份、权力、生活水平、社会地位、性取向、宗教、地域、政治取向等标签为何，所有人的结局都是一样的。

每一个人都无可避免地会死去，而我们所经历的一切也是未来人类要上的一堂课。这种通过死亡及骸骨连接过去、现在与过去的循环，生生不息，推动着我们向前迈进。

致　谢

　　在 2018 年初的一个下午，我收到了一封我从没想过会出现在我邮箱里的邮件。写信给我的正是麦浩斯的编辑黄阡卉小姐。

　　从 2017 年收到香港花千树出版社的邀请开始，"尸骨的余音"系列就陆续在接下来的两三年中出版发行。到 2019 年的 5 月底，在过去三年中，我履行了与读者朋友们三年的"五月之约"。回顾过去，每一本书出版后都得到很多读者及媒体的厚爱，这个情况是我没有预料到的。到现在我依然觉得很不可思议！我记得在"尸骨的余音"系列初版刚推出时，我一直担心图书会滞销，不敢问读者的反馈，不敢奢想加印，更不敢妄想有后续的图书出版。

　　这种不真实感在我读着阡卉发给我的邮件时又再次袭来！我记得当时我把邮件反复读了两三遍，然后放空了半个小时回去又读一遍，怕自己理解错邮件里面的每一个字、每一句话。"天啊"，我心想，"台湾的出版社邀请我合作耶！"再三确认没有理解错误后，我重新整理心情，开始回信给阡卉。就这样，我开始构思本书的写作方向及大纲。

　　老实说，我并不觉得我的行文用字有多好，有多优美，我只是喜欢写作这个过程。我喜欢写作是因为它让我的思绪异常清晰。我记得很清楚，在 2012 年 6 月的一个下午，我与我当时的室友在纽约第五大道的嘉年华游荡，走到中间分道扬镳后，我被一位不认识的吉普赛女郎叫住。我当下是想逃跑的，不过她的一句话让我停下脚步。她叫我伸手给她看看，然后问我："你很喜欢写东西，对吧？"我点头（当时的我的确很喜欢写哲学文章，觉得整个写作过程很治愈）。她接着很坚定地说："你一定要继续写！无论写什么都好，一定要继续写！你的文字会为你带来意想不到的收获！"我一直对她说的话没有太在意，反而觉得，这怎么可能？直到过去几年开始写书并出版，她的话又浮现在我脑海里。与阡卉商讨有关这本书的合作计划时，这位女士的话语又在我的脑海里响起。

本着这颗觉得一切都不可思议的心，我理应先感谢我的编辑阡卉。辛苦她在过去这段时间里，包容我那写作行文不顺、词不达意的时候。同时也要谢谢麦浩斯出版社及它的母公司城邦文化，感谢它们对我的作品充满信心。

另外也要特别感谢为我这本书做专业推荐的人："百工里的人类学家"创办人宋世祥博士、台湾大学法医学研究所的孙家栋教授、台湾警察专科学校科技侦查科的曾春侨副教授、《疑案办》团队。谢谢他们对我文字的信任，以及对我作品的肯定！

也要特别感谢一路追踪我脸书专栏"存骨房"的每一位读者。没有你们的支持与肯定，我这个专栏及上面的所有文章都不会成功。

最后，我更要特意借着这个机会感谢我前面的诸位法医及法证专家，没有他们的坚持，大屠杀、乱坟岗等地方的尸体永远都不会被发现，更不要说确定死者的身份了！更要感谢的是每一位尊重生命的工作者，他们坚信生命值得尊重的这份执着，伴着我们法医人类学家走过每个难过的夜晚。无论你是否读到这本书，那些无声的工作都必须得到支持！

　　当然也要感谢一直与我们合作的"沉默的证人"，我存骨房里的好朋友、2000多名"好伙伴"！他们用一生的经历让我学到了很多，让我从他们的骨头中体验、解读他们的故事。更重要的是，他们教会我如何看待生命，接受死亡。

　　我很幸运，在过去的两年里，我借着出书的机会到台湾办讲座，并因为我的专业认识了很多很酷的人，包括现在在阅读这本书的你！纵使我已经有在不同的国家和地区进行法医人类学相关工作的经历，但我仍觉得自己在这个专业里是一个学生，依然需要不停地在这个浩瀚无际的领域里面，尽力学习更多的技巧、技术及知识。因为我只是想本着初心——为死者找回尊严，为逝者发声，为家属找到答案。在这段日子里，即使是正常的工作都会受到大众的质疑，甚至我个人也受到了不尊重的对待。但庆幸的是，支持的声音比质疑的声音更大！我非常感激支持我的每一位朋友。

　　在每一本书中，我都会特意感谢一路伴我走来的恩师，这次也不例外。我能走到今天这一步，他们每一位都功不可没（排名不分先后）：弗利亚娅·麦迪梅诺斯教授、坦尼娅·佩克曼教授、克塞尼娅－保拉·凯里亚库女士、埃尔兹别塔·雅斯库尔斯卡教授、法尔·A.费特纳博士、埃米德·扎卡里亚博士、布鲁斯·海玛博士、莫西尼奥·科雷亚先生、阿米·佩雷斯女士、弗朗哥·莫拉先生及瓦勒斯卡·马丁内斯·穆莱斯女士。

同时，也要感谢我的父母、弟弟及其他家人一路的支持！谢谢各位好友在我写书期间的每次聚会中都让我大笑到哭，有效减压！

最后的最后，无论你现在是安坐家中、在车上、在沙滩（在沙滩上读书也是一种享受），还是在咖啡厅里，如果能成功坚持读到这里，请允许我致以最深切的谢意。我知道我写的文字、题材不是最容易被接受的，我万分感谢你们愿意去感受书里的画面、书中文字背后的意义，并积极思考相关的概念。感谢你们与我及书中所有骨头、前人的故事一起度过一段美好的时光，而现在这些已经成为我们共同的回忆了。

每次图书出版后，我都尽力从不同渠道收集读者的意见，这次亦然。我希望我能从不同渠道收到大家对我和我的书的意见及批评，期待你们能与我分享阅读心得，让我们保持联系！

愿我们能很快再一起分享不同骨头的经历及故事！

参考文献

写一本关于法医人类学的书，工程非常浩大。人类学是一个多元、注重全面的学科，法医人类学尤甚，要集以下所有专业于一身 —— 医学、法医学、历史学、社会学、民俗文化、哲学等，可以参考的文献及资料数量之多难以想象。特别是这次写关于历史上不同骸骨的故事，参考的文献也更有趣且更多元。我尽力就我讨论的主题为读者提供概括的介绍、文献参考、报道、人类学及法医学的专业知识等。当然，这都是各位前辈及学者花心血研究的冰山一角，我也没有要以偏概全的意思。如有任何遗漏，欢迎各位读者补充。

以下是在此书成书过程中我参考过的所有文献。它们偏大众化，所以就算不热衷学术，你也可以放心阅读。

前言　骸骨：跨越时空的旅程

- Edge, J. 2018, September 26. Diagnosing the past. Wellcome Collection. Retrieved from: https://wellcomecollection.org/articles/W5D4eR4AACIArLL8?fbclid=IwAR13JK9b7D96zABIaON9UwcoXmehrp7CLx3zQEO5nLb4_erSJAvGbqyUB8.

- Switek, B. 2019. Skeleton Keys: The Secret Life of Bone. New York: Riverhead Books.

第一章　沙漠秃鹰

- Blau, S. and Briggs, CA. 2011, February 25. The role of forensic anthropology in Disaster Victim Identification (DVI) . Forensic Sci Int. 2011 Feb 25;205 (1-3): 29-35.

- Cattaneo, C., De Angelis, D. & Grandi, M. 2006. Mass Diasters. In A. Schmitt, E. Cunha, & J. Pinheiro, (Eds.), Forensic anthropology and medicine: Complementary sciences from recovery to cause of death. Totowa, NJ:Humana Press.

- Cunha, E. & Cattaneo, C. 2006. Forensic Anthropology and Forensic Pathology: The State of the Art. In A.Schmitt, E. Cunha, & J. Pinheiro, (Eds.), Forensic anthropology and medicine: Complementary sciences from recovery to cause of death. Totowa, NJ: Humana Press.

- Hannaford, A. 2017, August 20. Missing in the US desert: finding the migrants dying on the trail north. The Guardian. Retrieved from: https://www.theguardian.com/world/2017/aug/20/finding-migrants-who-diedcrossing-the-us-border.

- I. CRC (International Committee of the Red Cross). (2015, April 16). Identifying the dead: Why ICRC is increasing its forensic expertise in Africa. Retrieved from: https://www.icrc.org/en/document/identifyingdead-why-icrc-increasing-its-forensic-expertise-africa.

- Romero, S. 2018, July 13. They Have a Mission in the Desert: Finding the Bodies of Border Crossers. The New York Times. Retrieved from: https://www.nytimes.com/interactive/2018/07/13/us/california-border-deaths.html.

- Sung, T. 1247. The Washing Away of Wrongs: Forensic Medicine in Thirteenth-Century China (Science, Medicine, and Technology in East Asia). (Brian E. McKnight, Trans.). Ann Arbor, MI: Centre for Chinese Studies, The University of Michigan. (Original work published in 1247).

- Thompson, T. & Gowland, R. 2019, November 07. The human body never truly disappears—finding the remnants of a tragic end can help us uncover atrocities. The Conversation. Retrieved from: https:// theconversation. com/the-human-body-never-truly-disappears-finding-the-remnants-of-a-tragic-end-canhelp-us-uncover-atrocities-122817.

- Ubelaker, D. H. 2006. Introduction to Forensic Anthropology. In A. Schmitt, E. Cunha, & J. Pinheiro, (Eds.), Forensic anthropology and medicine: Complementary sciences from recovery to cause of death. Totowa, NJ:Humana Press.

- 李衍蒨，2018 年 2 月 15 日，边境的骨骸，CUP 媒体：《骸骨传记》，http://www.cup.com.hk/2018/02/15/winsome-lee-illegal-immagrants-from-mexico-to-us/。

- 邹浚智，蔡佳宪，2016，是谁让尸体说话？ —— 看现代医学如何解读《洗冤集录》，台湾独立作家出版。

第二章　乱坟岗守护者

- Chappell, B. 2018, November 06. Islamic State Dumped At Least 6000 Bodies In Mass Graves in Iraq, U.N. Says. National Public Radio, Middle East. Retrieved from: https://www.npr.org/2018/11/06/664641098/islamic-statedumped-at-least-6-000-bodies-in-mass-graves-in-iraq-u-n-says?fbclid=IwAR3qA8UBGWnRAk2kgRQq69NtsMe

LGSZ1djTIk4e6WbOe7-NVBPlS0Fj1R_o.

- Colwell, C. 2017, October 18. Your Bones Live On Without You. The Atlantic. Retrieved from: https://www. theatlantic.com/technology/archive/2017/10/your-bones-live-on-without-you/543312/.

- Dupras, T.L., Schultz, J. J., Wheeler, S.M., and Williams, L.J. 2006.The Application of Forensic Archaeology to Crime Scene Investigation In Forensic Recovery of Human Remains: Archaeological Approaches. Boca Raton: CRC Taylor & Francis Group.

- Keough, M.E. 2004. Missing persons in post-conflict settings: best practices for integrating psychosocial and scientific approaches. JRSH 2004; 124 (6): 271-275.

- Klepinger, L.L. 2006. Fundamentals of Forensic Anthropology. New Jersey: John Wiley & Sons, Inc.

- Klinkner, M. & Kather, A.L. 2016, December 15. Mass graves are horrific, but they must be protected to ensure justice for the victims. The Conversation. Retrieved from: https://theconversation.com/mass-graves-arehorrific-but-they-must-be-protected-to-ensure-justice-for-the-victims-69266?utm_source=facebook&utm_med ium=facebookbutton&fbclid=I wAR0OQCCAf33MPUL8dgGmJrRZn6PDvCK_7GF7C969YLdrxF4og5

E9rLp4VGQ.

- Strauss, M. 2016, April 07. When is it okay to dig up the dead? National Geographic. Retreived from: https://news.nationalgeographic.com/2016/04/160407-archaeology-religion-repatriation-bones-skeletons/.
- Ubelaker, D. 1999. Human Skeletal Remains, Excavation, Analysis, Interpretation. 3rd Edition. Taraxacum. Washington DC.
- UCT News. 2019, November 05. "We knew their names." This is Africa. Retrieved from: https://thisisafrica.me/african-identities/we-knew-their-names/?fbclid=IwAR3j7bSuGNGoB6G3icwA0Jd7bltf_dCgoR58_50tRIwfdCHMTSGFew8vSPU.
- UNAMI/OHCHR. November 06, 2018. Unearthing Atrocities: Mass Graves in territory formerly controlled by ISIL. Retrieved from: https://www.ohchr.org/Documents/Countries/IQ/UNAMI_Report_on_Mass_Graves4Nov2018_EN.pdf
- 李衍蒨, 2018 年 11 月 16 日, 骨骸揭穿逾六千宗暴行, CUP 媒体:《骸骨传记》, https://www.cup.com.hk/2018/11/16/winsome-lee-isil-dumped-6000-bodies-in-iraq/。
- 李衍蒨, 2018 年 12 月 19 日, 法医考古学, CUP 媒体:《骸骨传记》, 取自 https://www.cup.com.hk/2019/12/19/winsome-lee-forensic-archaeologist/。

第三章　约翰 · 富兰克林的失航与骨头的微观世界

- Augenstein, S. 2017, April 04. Hair Isotope Analysis Could Reveal Sex, BMI, Diet, Exercise. Forensic Mag.Retrieved from: https://www.forensicmag.com/news/2017/04/hair-isotope-analysis-could-reveal-sex-bmi-dietexercise#.WOeOUKNqq5w.facebook.

- Bartelink, E. J., et al. 2014. Application of Stable Isotope Forensics for Predicting Region of Origin of Human Remains from Past Wars and Conflicts. Annals of Anthropological Practice, 38.1: 124-136.

- Bentley, R.A., 2006. Strontium isotopes from the earth to the archaeological skeleton: a review. Journal of Archaeological Method and Theory, 13: 135–187.

- Gannon, M. 2016 December 12. What Doomed Franklin's Polar Expedition? Thumbnail Holds Clue. Live Science. Retrieved from: https://www.livescience.com/57176-what-doomed-franklin-polar-expedition.html.

- Rodgers, G. 2017, January 23. Forensic Facts From the Fatal Franklin Expedition. HUFFPOST. Retrieved from: https://www.huffpost.com/entry/franklin-expedition-northwest-passage_b_9013366.

- Schwarcz, H.P., White, C.D., and Longstaffe, F.J. 2010. Stable and Radiogenic Isotopes in Biological Archaeology: Some Applications.

In J.B. West, G.J. Bowen, T.E. Dawson, and K.P. Tu (Eds.) Isoscapes: Understanding movement, pattern, and process on Earth through isotope mapping. New York: Springer Science + Business Media B.V.

• Swanston T, Varney TL, Kozachuk M, Choudhury S, Bewer B, Coulthard I, et al. 2018. Franklin expedition lead exposure: New insights from high resolution confocal x-ray fluorescence imaging of skeletal microstructure. PLoS ONE 13 (8): e0202983.

• Switek, B. 2019. Skeleton Keys: The Secret Life of Bone. New York: Riverhead Books.

• 李衍蒨, 2017 年 6 月 22 日, 生死也受惠 —— 同位素分析, CUP 媒体:《骸骨传记》, http://www. cup. com. hk/2017/06/22/ winsome-lee-stable-isotope-analysis/。

• 魏靖仪（编译）, 2014 年 9 月 14 日, 寻获 170 年前的北冰洋沉船, 《国家地理》, https://www. natgeomedia. com/environment/article/ content-5594.html。

• 李衍蒨, 2017 年 8 月 22 日, Fortune— 被藏在衣柜的奴隶骨骸,《立场新闻》, https://thestandnews. com/cosmos/fortune-%E8%A2%AB%E8% 97%8F%E5%9C%A8%E8%A1%A3%E6%AB%83%E7%9A%84%E5%A5%B4 %E9%9A%B8%E9%AA%A8%E9%AA%B8/。

第四章 卖火柴的小孩：现代化的代价

- David, A. M. 2015, November 04. The Arsenic Dress: How Poisonous Green Pigments Terrorized Victorian Fashion. Pictorial. Retrieved from: https://pictorial.jezebel.com/the-arsenic-dress-how-poisonous-greenpigments-terrori-1738374597.

- Emery, K.M. 2013, August 13. Mercury Poisoning and the day before death. Bones Don't Lie. Retrieved from: https://bonesdontlie.wordpress.com/2013/08/13/mercury-poisoning-the-day-before-death/.

- Fairclough, P. 2011, September 23. Spontaneous human combustion a hot topic once more. The Guardian, From the archive blog. Retrieved from: https://www.theguardian.com/theguardian/from-the-archiveblog/2011/sep/23/spntaneous-human-combustion-archive.

- Harkup, K. 2017, October 31. 'The Devil's element': the dark side of phosphorus. The Guardian. Retrieved from: https://www.theguardian.com/science/blog/2017/oct/31/the-devils-element-the-dark-side-ofphosphorus.

- Killgrove, K. 2016, May 04. Matchsticks Once Sickened and Deformed Women and Children. Mental Floss. Retrieved from: http://mentalfloss.com/article/79545/matchsticks-once-sickened-and-deformed-womenandchildren.

- Little, B. 2016, October 17. Killer Clothing Was all the Rage in the 19th Century. National Geographic. Retrieved from: https://news. nationalgeographic.com/2016/10/dress-hat-fashion-clothing-mercury-arsenicpoison-history/.

- Li, H. et al. 2017. Medium-term results of ceramic-on-polyethylene Zweymüller-Plus total hip arthroplasty. Hong Kong Med J 2017 (23): 333-339.

- MailOnline. 2010, January 25. Found in wallpapers, dresses and even libido pills: Arsenic, the Victorian Viagra that poisoned Britain. Retrieved from: http://www.dailymail.co.uk/health/article-1245809/Found-wallpapersdresses-libido-pills-Arsenic-Victorian-Viagra-poisoned-Britain. html.

- Meier, A. 2014, June 20. Fatal Victorian Fashion and the Allure of the Poison Garment. Hyperallergic. Retrieved from: https://hyperallergic. com/133571/fatal-victorian-fashion-and-the-allure-of-the-poisongarment/.

- Ong, K.L. Yun, B.M. & White, J.B. 2015. New biomaterials for orthopaedic implants. Orthopedic Research and Reviews 2015 (7): 107-130.

- Phys Org. 2013. The day before death: A new archaeological technique gives insight into the day before death. Retrieved from: https://phys.org/news/2013-08-day-death-archaeological-technique-insight.html.

- Roberts, C.A. 2016. Paleopathology and its relevance to understanding health and disease today: the impact of the environment on health, past and present. Anthropological Review, vol.79 (1), 1-16 (2016).

- Wu, C.T., Lu, T.Y., Chan, D.C., Tsai, K.S., Yang, R.S., and Liu, S.H. 2014. Effects of arsenic on osteoblast differentiation in vitro and on bone mineral density and microstructure in rats. Environ Health Prospect 122:559–565; http://dx.doi.org/10.1289/ehp.1307832.

- Ziering, A. & Herdy, A. (Producers). 2018, July 12. The Bleeding Edge [Documentary]. United States: Netflix.

- 李衍蒨，2018 年 8 月 23 日，受火柴工业影响的骨骸，CUP 媒体：《骸骨传记》，https://www. cup. com. hk/2018/08/23/winsome-lee-phossy-jaw-match-making-industries/。

第五章　肯尼迪总统之死与另类身份辨识方法

- Blessing, M.M., & Lin, P.T. 2017. Identification of Bodies by Unique Serial Numbers on Implanted Medical Devices. J Forensic Sci. 2017.

• Byard, W. R. 2013. Tattoos: forensic considerations. Forensic Science Medical Pathology, 9: 534-542.

• Cheung, K.W. et al. 2013. Patient perception and knowledge on total joint replacement surgery. Hong Kong Med J 2013 (19): 33-37.

• Christensen, A.M., Passalacqua, N.V., Bartelink, E.J. Ed., 2014. Forensic Anthropology: Current Methods and Practice. San Diego, Oxford: Elsevier.

• Cornish, A. 2018, May 02. In Rwandan Mass Graves, There are Few Ways to Identify the Dead. Clothing is One. NPR.org. Retrieved from: https://www.npr.org/2018/05/02/607781596/in-rwandan-mass-graves-clothing-is one-of-the-only-ways-to-identify-dead.

• Fairgrieve, S.I. 2008. Forensic Cremation: Recovery and Analysis. Boston, New York: CRC Press.

• House Select Committee on Assassinations, 1979. Final Assassinations Report.

• Imaizumi, K. 2015, September 12. Forensic investigation of burnt human remains. Research and Reports in Forensic Medical Science, Volume 2015:5, pp 67-74.

• Karsai, S., Krieger, G., & Raulin, C. 2009. Tattoo removal by non-professionals—medical and forensic considerations. Journal of The

European Academy of Dermatology and Venereology. 2010 July; 24 (7): 756-62. doi: 10.1111/j.1468-3083.2009.03535.x.

- KGET News. 2018, May 24. Jane Doe in 1980 California murder had Seattle tattoo. Retrieved from: https://www.king5.com/article/news/crime/jane-doe-in-1980-california-murder-had-seattle-tattoo/281-558022516.

- Kerley, E.R., Snow, C.C., 1979, March 09. Authentication of John F. Kennedy's Autopsy Radiographs and Photographs. Final Report to the Select Committee on Assassinations, US House of Representatives.

- PBS.org. 2019. Textile Analysis: History Detectives. Retrieved from: http://www.pbs.org/opb/historydetectives/technique/textile-analysis/.

- Simpson, E.K. et al. 2007. Role of Orthopedic Implants and Bone Morphology in the Identification of Human Remains. J Forensic Sci. 52 (2): 442-448.

- William, G.A. 2018. Forensic textile damage analysis: recent advances. Dovepress, Research and Reports in Forensic Medical Science, 2018 (8): 1-8.

- Wiseman, E. 2019, March 03. 'Underwear dates well': how fashion forensics are helping solve crimes. The Guardian. Retrieved from: https://www.theguardian.com/global/2019/mar/03/underwear-dates-well-howfashion-forensics-are-helping-solvecrimes.

- 李衍蒨, 2018 年 3 月 22 日, 肯尼迪总统身份辨识, CUP 媒体:《骸骨传记》, https://www. cup. com. hk/2018/03/22/winsome-lee-body-of-us-president-kennedy/。

- 李衍蒨, 2018 年 5 月 31 日, 无名文身女子, CUP 媒体:《骸骨传记》, https://www. cup. com. hk/2018/05/31/winsome-lee-unidentified-victim-with-tattoos/。

第六章　泰坦尼克号与鬼船：揭开水中腐化之谜

- Anderson G.S., Bell L.S. 2014. Deep Costal Marine Taphonomy: Investigation into Carcass Decompoistion in the Saanich Inlet, British Columbia Using a Baited Camera. PLos ONE, 9 (10):e110710. Doi:10.1371/journal. pone.0110710.

- Costandi, M. 2015, May 05. Life after death: the science of human decomposition. The Guardian, Neurophilosophy. Retrieved from: https://www.theguardian.com/science/neurophilosophy/2015/may/05/life-after-death.

- Costandi, M. 2017, December 06. This Is What Happens After Death. Huffpost, Science. Retrieved from: https://www.huffingtonpost.

com/2015/05/21/what-happens-when-you-die_n_7304232.html.

• Lewis, T. 2014, October 28. What Happens to a Dead Body in the Ocean?. LiveScience. Retrieved from: https://www.livescience.com/48480-what-happens-to-dead-body-in-ocean.html.

• Munkress, J.W. 2009. Arid climate decomposition and decay: A taphonomic study using swine. UNLV Theses, Dissertations, Professional Papers and Capstones. 1139.

• Morgan, J.S. 2014, September 02. Postmortem: The life and deaths of a medicolegal death Investigator. Vice.com. Retrieved from: https://www.vice.com/en_us/article/postmortem-0000449-v21n9.

• Nystrom, K.C. 2019. The Bioarachaeology of Mummies. New York: Routledge.

• Scutti, S. 2014, December 15. What A Forensic Scientist Doesn't Tell You: 7 Postmortem Responses Of A Dead Body. Medical Daily.com Retrieved from: http://www.medicaldaily.com/what-forensicscientist-doesnt-tell-you-7-postmortem-responses-dead-body-314404.

• Pinheiro, J. 2006. Decay Process of a Cadaver. In: Schmitt A., Cunha E., Pinheiro J. (eds) Forensic Anthropology and Medicine. Humana Press.

• Stolze, D. 2014, February 17. Soap on a Bone: How Corpse Wax Forms.

Atlas Obscura. R etrieved from: https://www.atlasobscura.com/articles/morbid-monday-soap-on-a-bone.

• Stromberg, J. 2015, March 13. The science of human decay: Inside the world's largest body farm. The Vox.com. Retrieved from: http://www.vox.com/2014/10/28/7078151/body-farm-texas-freemanranch-decay.

•《M Plus》，2016 年 7 月 4 日，肺结核如何改变维多利亚时尚，https://www.mplus.com.tw/article/1230。

• 李衍蒨，2017 年 11 月 30 日，"鬼船"与世越号 —— 水中腐化的迷思（上），CUP 媒体:《骸骨传记》，https://www.cup.com.hk/2017/11/30/winsome-lee/。

• 李衍蒨，2017 年 12 月 7 日，"鬼船"与世越号 —— 水中腐化的迷思（下），CUP 媒体:《骸骨传记》，https://www.cup.com.hk/2017/12/07/winsome-lee-sinking-of-mv-sewol-2/。

• 李衍蒨，2018 年 2 月 1 日，泰坦尼克号罹难者的下落，CUP 媒体:《骸骨传记》，http://www.cup.com.hk/2018/02/01/winsome-lee-titanic/。

• 李衍蒨，2019 年 9 月 26 日，"石化"尸体，CUP 媒体:《骸骨传记》，https://www.cup.com.hk/2019/09/26/winsome-lee-the-woman-who-turned-to-stone/。

第七章　颅骨长"角"的外星人？

- Barras, C. 2014, October 13. Why early humans reshaped their children's skulls. BBC, Discoveries. Retrieved from: http://www.bbc.com/earth/story/20141013-why-we-reshape-childrens-skulls.

- Chawanaputorn, D., et. al. 2005. Facial and Dental Characteristics of Padaung Women (longneck Karen) Wearing Brass Neck Coils in Mae Hong Son Province, Thailand. American Journal of Orthodontics and Dentofacial Orthopedics, 131 (5), 639-645.

- Gaia. 2017. Unearthing Nazca. Retrieved from: https://www.gaia.com/lp/unearthing-nazcamembers/.

- Gibson, R. 2015. Effects of Long Term Corseting on the Female Skeleton: A Preliminary Morphological Examination. Nexus: The Canadian Student Journal of Anthropology, Volume 23 (2), September 2015: 45-60.

- Heaney, C. 2017, August 01. The Racism Behind Alien Mummy Hoaxes. The Atlantic. Retrieved from: https://www.theatlantic.com/science/archive/2017/08/how-to-fake-an-alien-mummy/535251/.

- Holloway, A. 2014, February 08. Unravelling the Genetics of Elongated Skulls- Transcript of Interview with Brien Foerster. Retrieved from: http://www.ancient-origins.net/news-evolution-human-origins/initialdnaanalysis-paracas-transcript-399284.

- Holloway, A. 2017, January 09. Bizarre 3-Fingered Mummified Hand Found in A Tunnel in the Peruvian Desert. Retrieved from: http://www.ancient-origins.net/news-mysterious-phenomena/bizarre-3-fingeredmummified-hand-found-tunnel-peruvian-desert-007340.

- Ismail, J. 2008. Ethnic Tourism and the Kayan Long-Neck Tribe in Mae Hong Son, Thailand. Thesis, Masters of Arts in Asian and Pacific Studies, Victoria University.

- Killgrove, K. 2016, October 06. Skeleton of a 19th-Century British Man Reveals He Wore a Corset. Mental Floss. Retrieved from: http://mentalfloss.com/article/87052/skeleton-19th-century-british-man-reveals-hewore-corset.

- Mcdermott, A. 2017, June 20. Paradigm Shift Required? 3-Fingered Mummified Humanoid Found in Peru May Change the Story of Human Origins. Retrieved from: http://www.ancient-origins.net/news-evolution-humanorigins/ paradigm-shift-required-3-fingered-mummified-humanoid-found-peru-may-021451.

- Mydans, S. 1996, October 19. New Thai Tourist Sight: Burmese' Giraffe Women. New York Times. Retrieved from: http://www.nytimes.

com/1996/10/19/world/new-thai-tourist-sight-burmese-giraffe-women. html.

• Prestigiacomo, C.J. and M. Krieger. 2010. Deformations and malformations: the history of induced and congenital skull deformity. Neurosurg Focus 29 (6): Introduction, 2010.

• Shahar, D. & Sayers, M.G.L. 2018. Prominent exostosis projecting from the occipital squama more substantial and prevalent in young adult than older age groups. Scientific Reports volume 8, Article number: 3354. doi: 10.1038/s41598-018-21625-1.

• Shahar, D. & Sayers, M.G.L. 2016. A morphological adaptation? The prevalence of enlarged external occipital protuberance in young adults. Journal of Anatomy, 229 (2). doi: 10.1111/joa.12466.

• Stanley-Becker, I. 2019, June 25. 'Horns' are growing on young people's skulls. Phone use is to blame, research suggests. The Washington Post. Retrieved from: https://www.washingtonpost.com/ nation/2019/06/20/ horns-are-growing-young-peoples-skulls-phone-use-is-blame-research-suggests/?utm_term=.4fbbb4c820d2.

• Stone, P.K. 2012. Binding Women: Ethnology, Skeletal Deformations, and Violence Against Women. International Journal of Paleopathology 2

(2012), 53-60.

- ThaiMed. 2009. Women of the Long Neck Karen Tribe Removing Rings. Retrieved from: http://www.thaimedicalnews.com/medical-tourism-thailand/long-neck-karen-tribe-thailand-burmese-borderremove-rings/.

- Waldron, T. 2008. Paleopathology. Cambridge: Cambridge University Press.

- Winter, K. 2015, January 22. Woman Obsessed With Burmese Tribes Wears Special Rings in Attempt to Stretch Her Neck to 12in Long. Daily Mail. Retrieved from: http://www.dailymail.co.uk/femail/article-2921362/Woman-Strange-Addition-wants-stretch-neck-TWELVE-INCHES-long.html.

- 李衍蒨，2017 年 10 月 31 日，世界木乃伊系列：纳斯卡三指木乃伊?《立场新闻》，https://www. thestandnews. com/cosmos/%E4%B8%96%E7%95%8C%E6%9C%A8%E4%B9%83%E4%BC%8A%E7%B3%BB%E5%88%97-%E7%B4%8D%E6%96%AF%E5%8D%A1%E4%B8%89%E6%8C%87%E6%9C%A8%E4%B9%83%E4%BC%8A/。

- 李衍蒨，2019 年 7 月 26 日，颅骨长 "角"：电话惹的祸？《立场新闻》，https://www. thestandnews. com/cosmos/%E9%A1%B1%E9%AA%A8%E9%95%B7-%E8%A7%92-%E9%9B%BB%E8%A9%B1%E6%83%B9

%E7%9A%84%E7%A6%8D/。

第八章　珍珠港的余音

• BBC News. 2015, April 15. US to exhume remains of Pearl Harbor dead for identification. Retrieved from: http://www.bbc.com/news/world-us-canada-32313713.

• Carney, S. 2007, November 27. Inside India's Underground Trade in Human Remains. WIRED. Retrieved from: https://www.wired.com/2007/11/ff-bones/.

• Colwell, C. 2017, November 16. The Long Ethical Arc of Displaying Human Remains. Atlas Obscura. Retrieved from: https://www.atlasobscura.com/articles/displaying-native-american-remains.

• Coughlan, S. 2007, May 22. Museum offered head for shrinking. BBC News. Retrieved from: http://news.bbc.co.uk/2/hi/uk_news/education/6679697.stm.

• Fawcett K. 2017, June 14. The Spiritual Purpose Behind Shrunken Heads. Mental Floss. Retrieved from: http://mentalfloss.com/article/501831/spiritual-purpose-behind-shrunken-heads.

• Leake, C. 2010, January 09. Bodies' exhibition accused of putting executed

Chinese prisoners on show. Daily Mail. Retrieved from: http://www.dailymail.co.uk/news/article-1241931/Bodies-Revealedexhibition-accused-putting-executed-Chinese-prisoners-show.html.

- National Geographic. 2009. How to Shrink a Human Head. Retrieved from: https://www.youtube.com/watch?v=GLWkhlnLXP0.

- Peers, L. 2010. Shrunken Heads- Tsantsas. Oxford: Pitt Rivers Museum. Retrieved from: https://www.prm.ox.ac.uk/shrunkenheads.

- Ravilious, K. 2013, April 08. A forgotten graveyard, the dawn of modern medicine, and the hard life in 19th- Century London. Haunt of the Resurrection Men, 89-1305. Retrieved from: http://www.archaeology.org/issues/89-1305/features/737-royal-london-hospital-burials.

- Roy, E.A. 2016, May 27. US returns remains of 54 indigenous people to New Zealand. The Guardian, New Zealand. Retrieved from: https://www.theguardian.com/world/2016/may/27/new-zealandrepatriation-remains-maori-indigenous-people-mummified-heads.

- Soniak, M. 2013, January 24. How Are Shrunken Heads Made. Mental Floss. Retrieved from: http://mentalfloss.com/article/33607/how-are-shrunken-heads-made.

- Smithsonian Channel. 2016. The Reason This South American Tribe

Shrunk Their Enemies' Heads. Secrets. Retrieved from: https://www. youtube.com/watch?v=BbLg4Pji5xQ.

- Smithsonian Channel. 2017. DNA Analysis Reveals Troubling News About Shrunken Heads. Secrets. Retrieved from: https://www.youtube.com/watch?v=aw-PSlIlK5Y.

- Ulaby, N. 2006, August 11. Origins of Exhibited Cadavers Questioned. NPR.org. Retrieved from: http://www.npr.org/templates/story/story. php?storyId=5637687.

- 李衍蒨，2018 年 7 月 26 日，美军珍珠港的战利品，CUP 媒体：《骸骨传记》，https://www. cup. com. hk/2018/07/26/winsome-lee-american-mutilation-of-japanese-war-dead/。

- 史考特·卡尼（Scott Carney），2012 年 3 月 4 日，《人体交易：探寻全球器官掮客、骨头小偷、血液农夫和儿童贩子的踪迹》（*The Red Market*），麦田出版社。

第九章　食人族

- Bello, S.M. et. al. 2016. Cannibalism versus funerary defleshing and disarticulation after a period of decay: Comparisons of bone modifications from four prehistoric sites. Am. J. Phys. Anthropol. 2016;1-22.

DOI:10.1002/ajpa.23079.

• Schutt, B. 2017. Eating People is Good. In Cannibalism: A Perfectly Natural History. New York:Algonquin Books.

• Conklin, B.A. 1995. "Thus Are Our Bodies, Thys Was Our Custom": Mortuary Cannibalism in an Amazonian Society. American Ethnologist, Vol. 22, No. 1 (Feb 1995), pp. 75-101.

• Edwards, P. 2015, July 22. 7 surprising facts about cannibalism. Vox. Retrieved from: https://www.vox.com/2015/2/17/8052239/cannibalism-surprising-facts.

• History. N.d. Donner Party. Retrieved from: https://www.history.com/topics/westward-expansion/donner-party.

• Imaizumi, K. 2015, September 12. Forensic investigation of burnt human remains. Research and Reports in Forensic Medical Science, Volume 2015:5, pp 67-74.

• Inglis-Arkell, E. 2014, December 30. How the Pineapple Express killed the Donner Party. Io9. Retrieved from: https://io9.gizmodo.com/how-the-pineapple-express-killed-the-donner-party-1676275691.

• Klepinger, L.L. 2006. Fundamentals of Forensic Anthropology. New Jersey: John Wiley & Sons, Inc.

- Lovejoy, B. 2016, November 07. A Brief History of Medical Cannibalism. Lapham's Quarterly. Retrieved from: http://laphamsquarterly.org/roundtable/brief-history-medical-cannibalism.
- Mufson,B. 2018, June 12. This Guy Served His Friends Tacos from Own His Amputated Leg. VICE. Retrieved from: https://www.vice.com/en_us/article/gykmn7/legal-ethical-cannibalism-human-meattacos-reddit-wtf.
- Pokines, J. T., & Symes, S. A. 2014. Manual of forensic taphonomy. Boca Raton: CRC Press/Taylor & Francis Group.
- Reddit：https://www.reddit.com/r/IAmA/comments/8p5xlj/hi_all_i_am_a_man_who_ate_a_portion_of_his_own/.
- Sharma, L., P.F. Paliwal & B. L. Sirogiwal. 2010. Case Report: Bullet in the head- crime surfaces from ashes! J Indian Acad Forensic Med 31 (4), pp 399- 401.
- 李衍蒨,2019年4月4日,Donner Party —— 没有选择的食人队伍，CUP媒体:《骸骨传记》, https://www.cup.com.hk/2019/04/04/winsome-lee-the-donner-party/。
- 李衍蒨, 2018年9月20日, 食人文化, CUP媒体:《骸骨传记》, https://www.cup.com.hk/2018/09/20/winsome-lee-medicinal-cannibalism/。

第十章 骸骨的永生传说

- Burke, C. 2018, June 22. After sustained campaign, Irish giant's bones may finally be released from London museum. The Journal. Retrieved from: https://www.thejournal.ie/charles-byrne-remains-4083747-Jun2018/.

- Colwell, C. 2017, November 16. The Long Ethical Arc of Displaying Human Remains. Atlas Obscura. Retrieved from: https://www.atlasobscura.com/articles/displaying-native-american-remains.

- Connelly, A. 2017, November 07. Should giant Charles Byrne be left to rest in peace? Al Jazeera,Ireland. Retrieved from: https://www.aljazeera.com/indepth/features/2017/09/giant-charles-byrneleft-rest-peace-170918135540891.html.

- Cook, MR. and L. Russell. 2016, December 01. Museums are returning indigenous human remains but progress on repatriating objects is slow. The Conversation. Retrieved from: http://theconversation. com/museums-are-returning-indigenous-human-remains-but-progress-on-repatriating-objects-isslow-67378.

- Free Charles Byrne Project. http://freecharlesbyrne.com/.

- Garland-Thomson, R. 2016. Julia Pastrana, the "extraordinary lady." Alter, 11:1 (January-March 2017), pp. 35-49.

- The Irish Times. 2010, January 16. Irish Lives. Retrieved from: https://www.irishtimes.com/life-andstyle/ people/irish-lives-1.1241279.
- Lovejoy, B. 2014, November 27. Julia Pastrana: A "Monster to the Whole World." The Public Domain Review. Retrieved from: https://publicdomainreview.org/essay/julia-pastrana-a-monster-to-thewhole-world.
- Rowlandson, T. 2018, June 07. Why a London museum should return the stolen bones of an Irish giant. The Conversation. Retrieved from: https://theconversation.com/why-a-london-museum-shouldreturn-the-stolen-bones-of-an-irish-giant-94774.
- Troian, M. 2019, July 03. Federal Conservative candidate gives boyfriend human skull for birthday. National News. Retrieved from: https://aptnnews.ca/2019/07/03/federal-conservative-candidate-givesboyfriend-human-skull-for-birthday/.
- Wilcox, C. 2018, October 03. In a Study of Human Remains, Lessons in Science (and Cultural Sensitivity) . UNDARK. Retrieved from: https://undark.org/2018/10/03/atacama-alien-chile-cultureethics/.
- 李衍蒨, 2019 年 7 月 11 日, 生日骷髅头, CUP 媒体:《骸骨传记》, https://www. cup. com. hk/2019/07/11/winsome-lee-birthday-skull/。

- 史考特·卡尼，2012 年 3 月 4 日，《人体交易：探寻全球器官掮客、骨头小偷、血液农夫和儿童贩子的踪迹》（*The Red Market*），麦田出版社。
- 东野圭吾，2016 年 12 月 27 日，《人鱼沉睡的家》（人鱼の眠る家），皇冠出版社。

第十一章　《花花公子》玩伴女郎尸体发现案

- Anton, M. 2011, June 04. Alone in life, Yvette Vickers is somewhat less alone in death. Los Angeles Times. Retrieved from: https://www.latimes.com/local/la-xpm-2011-jun-04-la-me-yvette-vickers-20110604-story.html.
- Caron, C. 2011, May 04. 'Mummified' Former Playmate Swerved Between Recluse and Storyteller. Abc News. Retrieved from: https://abcnews.go.com/US/playmate-found-mummified-friends-portraityvette-vickers/story?id=13522253.
- Christensen, A.M., N.V. Passalacqua, and E.J. Bartelink. 2014. Forensic Anthropology: Current Methods and Practice. Boston: Academic Press.
- Costandi, M. 2015, May 05. Life after death: the science of human decomposition. The Guardian, Neurophilosophy. Retrieved from: https://

www. theguardian. com/science/neurophilosophy/2015/may/05/life-after-death.

- Haglund, W.D. and M.H. Sorg. (Eds). 1997. Forensic Taphonomy: The Postmoretm Fate of Human Remains. Boston: CRC Press.

- Lovett, I. 2011, May 04. Mummified Body Found in Former Actress's Home. The New York Times. Retrieved from: https://www.nytimes.com/2011/05/05/us/05vickers.html.

- Marche, S. 2012, May. Is Facebook Making Us Lonely? The Atlantic, Technology. Retrieved from: https://www.theatlantic.com/magazine/archive/2012/05/is-facebook-making-us-lonely/308930/.

- Mikulan, S. 2012, February 01. Left Behind. Los Angeles Magazine. Retrieved from: https://www.lamag.com/longform/left-behind1/.

- Munkress, J.W. 2009. Arid climate decomposition and decay: A taphonomic study using swine. UNLV Theses, Dissertations, Professional Papers and Capstones. 1139.

- Pinheiro, J.E. 2006. Decay Process of a Cadaver. In A. Schmitt, E. Cunha, & J. Pinheiro, (Eds.), Forensic anthropology and medicine: Complementary sciences from recovery to cause of death. Totowa, NJ: Humana Press.

- Scientific Working Group for Forensic Anthropology (SWGANTH). 2011.

Trauma Analysis.

- St. Fleur, N. 2017, June 02. How to Make a Mummy (Accidentally) . The New York Times, Science. Retrieved from: https://www.nytimes. com/2017/06/02/science/spontaneous-mummification.html?_r=0.

- 李衍蒨，2019 年 4 月 25 日，Playboy 女郎之死，CUP 媒体：《骸骨传记》，https://www. cup. com. hk/2019/04/25/winsome-lee-playboy-playmate-yvette-vickers/。

第十二章　骸骨的秘密

- Black, S. 2018. All That Remains. London: Transworld Publishers.

- Macintosh, A.A., P inhasi R., Stock, J T. 2017. P rehistoric women's manual labor exceeded that of athletes through the first 5500 years of farming in Central Europe. Sci. Adv. 2017;3:eaao3893.

- Moore, K.L., Dalley II, A.F.& Agur, A.M.R. 2017. Clinically Oriented Anatomy. LWW Press.

- Ruff C. et al. 2006. Who's afraid if the big bad Wolff?: "Wolff's Law" and bone functional adaptation. American Journal of Physical Anthropology 129: 484-498.

- Shaw CN, and Stock JT. 2009. Habitual throwing and swimming correspond with upper limb diaphyseal strength and shape in modern human athletes. American Journal of Physical Anthropology 140 (1):160-172.

- Switek, B. 2019. Skeleton Keys: The Secret Life of Bone. New York: Riverhead Books.

- White, T. D., & Folkens, P. A. 2000. Human osteology. San Diego: Academic Press.

结语：导致强行分离的棒棒糖

- Char, S. 2009, October 10. Hawaii's Father Damien: From priesthood to sainthood. Hawai'I Magazine. Retrieved from: https://www.hawaiimagazine.com/blogs/hawaii_today/2009/10/10/Damien_Hawaii_Saint_Molokai_Kalaupapa_canonization.

- Jackson, K. 2013, February 09. Exploring the tragic beauty of Hawaii's remote Kalaupapa. The Seattle Times. Retrieved from: https://www.seattletimes.com/life/travel/exploring-the-tragic-beauty-ofhawaiirsquos-remote-kalaupapa/.

- Lovejoy, B. 2018, October 03. Mary Shelley's Obsession with the Cemetery. JSTOR Daily. Retrieved from: https://daily.jstor.org/mary-shelleysobsession-with-the-cemetery/.

- National Park Service. N.d. A Brief History of Kalaupapa. Retrieved from: https://www.nps.gov/kala/learn/historyculture/a-brief-history-of-kalaupapa.htm.

- Power, R. 2019, January 17. Our urgent need to do death differently. Melbourne: TEDx Melbourne. Retrieved from: https://www.youtube.com/watch?v=lA_ntn-icwc.

- Ratcliffe, R. 2019. April 22. 'The harder you look the more you find': Nepal's hidden leprosy. The Guardian. Retrieved from: https://www.theguardian.com/global-development/2019/apr/22/nepalhidden-leprosy.

- Senthilingam M. 2015, September 09. Taken from their families: The dark history of Hawaii's leprosy colony. CNN, Health. Retrieved from: https://edition.cnn.com/2015/09/09/health/leprosy-kalaupapahawaii/index.html.

- Ubelaker, D.H. 2018. Recent advances in forensic anthropology. Forensic Sciences Research, Vol. 3 2018, no.4, pp. 275-277.

- Waldron, T. 2008. Paleopathology. Cambridge: Cambridge University Press.